老马价值观
以财经视角观世间百态

经济之声知名栏目《老马价值观》封箱之作

马尚田 / 著

人民日报出版社

序：价值观指引人生

钟积成
生命教育专家
国际"经典情商"教育系统课程导师
马来西亚马六甲文教基金会理事长
全球经典教育基金会委员

结识马哥是他在南京台工作时，人们都称他马哥，我们也跟着叫。当时，他留给我和内人陈德玲的印象是：老实、敦厚、真诚、善良，充满正能量和社会责任感，仗义执言，不吐不快；而且笑容满面，人见人爱。尤其是他一开口，啊哟！那充满磁性的标准普通话，真是太不普通，迷死人了！

我们夫妇俩常说，能在经典情商课程上和马哥结缘，是我们此生之一大幸。以前每到南京，现在每来北京，一定要与他痛饮畅谈一番，否则，就像是没来过似的。

马哥谈吐中总挂着"价值观"这词儿。确实，不管你自觉不自觉，承认不承认，价值观一直贯穿着你的人生，左右着你的一切言行，小至个人，大至国家，无一例外。就如不久前，美国大选前胡言乱语，甚至羞辱女性的人，竟然还能被选为美国总统，这对"领袖必须德才兼备"的价值观深植于心的中国人来说，是不可思议的事。因此，价值观就像贯穿一串珍珠项链的那根主线。

我父母从中国南来，虽是文盲，可从小就对我们子女灌输一个价值观：人生无非做人做事两件事。做人第一，只有做了好人，将来才能做好事。他俩从不关注我们的学业成绩，却紧紧盯住我们的人格不放。

还记得小学一年级的一天，我的作业簿用完了，向父亲要两毛钱去买。因腿脚不便，只能从事裁缝行业的他，从裤袋里取出一串钥匙，要我自己去裁剪台的抽屉里取。我取后把钥匙还给他时，都会伸出手让他看我确实拿了两毛钱银盾。

有一天，我依旧伸手让他看时，他不看，严肃地对我说："孩子，从今天开始，你拿了钱，就不要再给爸爸看了。记住爸爸的话：一个人骗得过别人，永远骗不过自己的良知。我相信你是一个好孩子，不会骗爸爸的。做人要永远做一个诚实的人。"我很自豪地说，我一生中从没偷过东西，因为爸爸早已把一个"摄像头"放在我心里，让我终生慎独修己。

念初一时，教语文课的班主任方老师，在第一次正式考试前说的一番话，让我终生难忘，受教良多。他说："我们绝大部分同学家境都不好，如果你们的父母送你们去公办学校读书，一切免费。可他们为了捍卫民族教育，勒紧腰带，省吃俭用，都要把你们送来学费高昂的独立中学学习，以把根留住。① 你们的父母太伟大了！好，今天我问你们一个问题：假设你们的父母今晚要出席喜宴，家里没有一件像样的衣服，会去别人家的晒衣架上偷一件贵重漂亮的回家，熨好了穿去赴宴吗？"

我们回答："怎么可能？老师！"

"对，人穷志不穷啊！我相信你们父母绝不会干这种事。考试也一样，考不好，说明我们还没学会，或者老师教得不够好，没让你学会。考完试后，把不会的考题全学会了，不就等于得了100分吗？学习是人生一个漫长的过程。可是有些人考试作弊，这就和父母去偷人家的衣服往自己的脸上贴金，打肿脸皮充胖子没两样。我

---

① 马来西亚的华族虽是建国功臣，国家财富主要由占全国人口仅四分之一的华族创造，但几百年来，乃至1957年独立后，华族仍受到不公平的对待和迫害，是二等公民。为了捍卫民族教育，华人民间自觉筹款办学，从幼儿园到大学，自成体系，并有自己的统考，水平高过政府考试。华文教育最高领导机构"董教总"被人们亲切地称为"民间教育部"。——作者注

相信你们也会像你们父母那样，绝不会干这种违背良心的事。待会儿考试时，我绝不会像一般老师那样巡堂，我就坐在前台桌上改作业，头都不会抬一眼看你们。如果我这么做了，还是有人要作弊，那就请便吧！父母、老师不可能一辈子跟着你，你要作践自己，谁也阻止不了你，但人生的悲剧就在后面等着你了。记住方老师的话：你骗得了别人，永远骗不了你自己，做人要永远做个堂堂正正的人！好，现在开始考试。"

方老师那亮铮铮的话深植我心，我一生中从没做过弊，因为他老人家已在我们心中播下了良种。

这不就清楚地阐明了教育之道吗？《说文解字》中说，何谓"教"？"教：上所施，下所效也！"父母老师言传身教，孩子哪用管？全凭德行感。何谓"育"？"育：养子使作善也！"可见，我们中华文化的精髓早已渗透父辈心中，而时时教化着我们。文化文化，不就是人文化成，文而化之吗？我父母和许多乡亲父老虽是文盲，可我总觉得他们太有文化了。反观今天许多高级"知识分子"贪污腐化，作奸犯科，不忠职守，背叛爱人，背叛祖国，他们哪算有文化？

由于受父辈教化，我的两个孩子一出生，我们夫妇俩就给他们取名"钟诚""钟凌"（钟陈、钟玲的谐音），除了取意于他们是我俩的爱情结晶之外，更重要的是从小灌输给他们这样的价值观：你们永远要做个忠诚的人，有凌云壮志的人。

他们兄弟俩从小接受经典教育，在清华、北师大学习，每年春节才回家一次。犹记得一晚聚餐，同桌的经典情商课程同学问他俩："你们兄弟俩为何就和一般青年不一样？你们有抱负有理想，做事认真、勤奋，孝顺父母、友爱同学、关心世界……"

他俩随口说了一句："因为我们很幸福，从小家里就有个家训。"

我和内人愕然地问："什么家训啊？怎么连我们自己都不知道。"

他俩说："不就是爸妈几十年来嘴里老挂住的那句'心系天下，

发奋图强，为民而活，其力无穷'吗？"

真的，孩子哪用管，教育就在润物细无声中感化而成！

中华圣贤教诲我们说："建国君民，教学为先。"在今天这个资讯发达的时代里，各地发生的事，一秒钟内就能传播到世界各个角落。马哥作为媒体人，充分利用这个优势，不断传播正能量，传播正确价值观，他不就在做着教化民众的工作吗？国民素养好了，人类素质高了，大同理想才能早日实现。到了那一天，人类不再自相残杀，永远和睦相处，相濡以沫。经典情商课程的核心价值和使命就是："经典情商，齐家安邦。"马哥身体力行，构建了一个幸福的家庭，他所说的话自然更有力度，人们自然更信他老说的：只要人对了，他的世界也就对了！

人生有一挚友足矣！老马，为了人类美好的明天，咱们撸起袖子好好干吧。

想说的还很多，但限于篇幅，就此打住。是为序。

2017 年 3 月 25 日

自序一：你的样子，就是世界的样子

什么才是你人生中最重要的事？这是价值观终极之问。

价值观，决定一个孩子是否会变坏，决定我们的格局和结局、想法和活法，甚至关乎生死。

如果你是孩子妈妈，正担心孩子会不会变坏，我们聊聊。我会告诉你，三观正的孩子，世界不会颠倒。

如果你是热血青年，极具人生追求，我们聊聊。因为格局决定结局，价值观决定人生走向。

如果你是职场白领，正在调整生活重心，我们聊聊。因为这关系我们的想法和活法，价值观决定你的进退取舍。

如果你是病人家属，正思考怎么减轻病人痛苦，你也可以跟我聊聊。因为这关乎病人的尊严和体面，也涉及人生终极的意义。

先让我讲几个故事。第一个故事：名校学生的人生追求。

几位清华学生，在出租车上聊天，聊到谁谁谁一毕业就买房了，大家羡慕不已，真是人生赢家啊！司机师傅听不下去了，说："我家拆迁分了几套房，但我就是一开车的。你们才是国家的未来和希望，如果你们清华北大生毕业后的目标，就只是在北京买套房，而不是思考这个国家的未来，那咱们国家就真的没希望了。"

学生们听了，顿生惭愧。

不久前，在一档视频节目中，一位号称"清华男神"的学生，为毕业做什么而苦恼。高晓松难忍怒火一顿揶揄："一个名校生走到这里来，一没有胸怀天下，二没有改造国家的宏图大志，反而问我们该找什么工作，你觉得你愧不愧对清华的教育？"

怎么来评价这件事？"生活的压力和生命的尊严哪一个更重要？"房价可能消磨年轻人的创造力，现实压力可能透支年轻人的热情。但不该消磨你的锐气，透支你的心志。这和是不是名校生无关，只和年轻有关。

我的结论是，只有最重要的事情才能成为我们的人生追求，然后这件事决定了你的未来。这就是价值观的厉害之处，格局决定结局，它决定你的人生走向。

再说第二个故事：白领丽人的生活重心。

我有一朋友，职场白领，多年前，没结婚没生孩子，干着披星戴月的工作。她工作很拼命，经常白加黑，无所谓；经常凌晨打车回家，不怕；经常出差半年，很少陪父母，没有愧疚。有一次，手下小朋友向她请假，不能加班了，已经和妈妈约好回家吃饭。她心里好笑，陪妈妈吃饭，还当个正经事儿来做，吃饭有这么重要吗？

事隔多年，她结了婚，有了孩子，忽然发现，原来陪妈妈吃饭真的非常重要，亲情是多么温暖。她说，现在才发觉最好笑的是自己。

我的结论是，只有最重要的事才可能成为你的生活重心，然后这件事决定了你的活法。这也是价值观的厉害之处，它决定你的进退取舍。

第三个故事：重症监护室外的终极思考。

那是几年前，我在医院重症监护室外待了很多日子。那段日子，我看到了太多人世悲欢。事非经过不知难，我们生活的世界，可能是道听途说的世界，可能是书上看来的世界，只有自己亲身经历了，这个世界才会立体起来，完整起来。

在医院里，很多病人浑身插满管子，痛苦不堪；而那些病人家属则神情憔悴，苦撑苦熬着。这时候，我们是多么需要价值观的探讨，这关乎生命的尊严和体面，也涉及人生终极的意义。

可不可以优雅地老去？争议一直很大，有些人觉得，活着才是最重要的；有些人觉得，在世时的尊严体面最重要。

这就是价值观，因之采取的行动关乎生死。这时候，我们对是非对错的判断，变得困难起来。正如白岩松在《白说》一书里提到的观点：世界不是非黑即白。

那么，我们该怎么告诉孩子，这个真实的世界是什么？

这是一个非常棘手的命题。真实有如无底洞的底，无限接近，无法抵达；又如夜晚烤篝火的人，你只能看到火光中的人，却无法看见他身后大片的黑暗。难道，那大片的黑暗不是真实的吗？

那么，真实到底是什么？我能提供的答案是，你的样子，就是世界的样子。

这是注意力事实，你关注到的小世界，其实就是世界的全部。童年时，纯真无邪，世界像游乐场，可以嬉戏光阴；少年时，内心彷徨，世界像杀马特的发型，凌乱不堪；当你再长大一些，世界像一枚硬币，从来就是AB面，没那么好，也没那么坏；当你成熟的那一天，恍然大悟，云在青天水在瓶，世界不过是一粒石子，投影在你的波心。

所以，想要了解世界的真实，只需认识真实的自己。我的人生导师、生命教育专家陈德玲女士对我说："我们能管孩子一辈子吗？我们只需要在他的心里放一个'摄像头'就是了。"

这个摄像头就是价值观。孩子的三观正了，他（她）的世界就不会颠倒。

最后再讲个故事：拼图游戏里的世界。

有一位父亲正在潜心写作，准备第二天的演讲稿。五岁的儿子跑过来，缠着他要一起玩游戏。父亲没有办法，随手抓过世界地图，撕成碎片："儿子，跟你玩个拼图游戏，等你拼好了，爸爸就带你玩。"儿子拍手答应，拿着地图碎片走开了。父亲以为这下可算把孩子打发掉了！可是没过多久，儿子就跑过来了："爸爸，我拼好了。"

"怎么可能？你怎么做到的？"

儿子将拼图反过来说："世界地图另一面是一个人的照片，我想这个人正确了，那么这个世界地图也就正确了。"

哎呀，孩子太有悟性了！父亲非常高兴，牵起儿子的小手，带他玩去了。你知道吗？第二天，他的演讲大获成功，题目就叫《如果一个人是正确的，他的世界也是正确的》。

是的，你对了，世界就对了！

那么，年轻人到底该追求什么？李贺有诗曰："少年心事当拿云，谁念幽寒坐呜呃。"世界多美好，少年正该壮志凌云，怎能仅仅定睛在眼前的树叶上呢？

现在，我要郑重推荐这本新书给您：《老马价值观》。这是我用财经视角观察的世界，这里的人情人性人心意味深长。我邀请您立刻确认，您的价值观是什么？究竟什么才是您生命中最重要的事？

请相信，你的样子，就是世界的样子；你对了，世界就对了。

2017 年 3 月 19 日于北京

自序二：曲径通幽

大雨哗哗下，
北京来电话。
要我去当兵，
我还没长大。

这是小时候，我最喜欢的童谣。窗外下大雨时，高声诵念，更有感觉。

多年以后，成了央广的"新兵"。在进经济之声那一年，同时有六个人被招录，我年纪最长，所以，人送外号"老马"。

从温州台《窗外星空》的小马，到南京台《马哥说新闻》的马哥，再到央广《老马价值观》的老马，广播主持从业20年，初衷不改。

我和央广的缘分，可以上溯到"大雨哗哗下，北京来电话"的时候。那时，中央人民广播台的《小喇叭》节目家喻户晓。我的哭声也家喻户晓，经常站在窗台上喊妈妈。街坊四邻开玩笑说："小喇叭又开始广播了。"我不免对那个能发出声音的"小喇叭"很好奇，心想，有一天，我也能到那里说话该多好啊。

不要小看这一念，现在看来，一切都源于一念之间。你种下什么种子，就会发什么芽，开什么花，结什么果。那个童话怎么说的？

一个小男孩种了一颗豌豆,这颗豌豆越长越高,直攀至天上。小男孩就顺着豌豆的藤蔓爬上去,把天堂看了个遍。

我到"天堂"的路,需要略作说明,今日央广老马,是从温州台的小马、南京台的马哥一路走来的。也就是说,去天堂之路颇为曲折。

当我还是小马时,我在温州台,县学前19号。那是一个闹市当中的独门独院,院中生长着一棵高大的野梧桐,被女主播温温润润的声音滋养着,分外茁壮。我那时做《窗外星空》节目,最享受的是晚间下节目之后,和几个同事在大树底下一坐,筛月光下酒,恰风华正茂。

当我变成马哥时,我在南京台,白下路358号。在这座城市里,我做着《马哥说新闻》,纯粹的新闻评论节目,随时出一句诗,请听众对下一句,却毫无违和。"今朝有酒今朝醉,下一句是什么?"听众答:"明天没酒现对付。"

六朝古都,十里秦淮。电台离秦淮河很近,每次朋友来时,都趁夜前往,租一艘小船,几听啤酒,荡舟秦淮河上。秦淮河不复昔日的桨声灯影,但漏夜出游,灯火迷离,别有一番趣味。

再后来,来到北京,应聘中国之声。12月的北京,寒风凛冽。一番笔试面试之后,接到试岗通知,14天决定去留。我很高兴,也有点犹豫。14天的假怎么请?

有个女孩,同一批试岗的,她告诉我,你请假必须是对方无法拒绝的理由。

"那你怎么请假的呢?"我虚心求教。

"我说,我男朋友遇到了车祸,非常严重,我要留在北京照顾他半个月。"她回答。

"领教领教。你狠!"这么过硬的借口,我可请不出来。我辞了职,做好破釜沉舟的准备。

试岗在地下一层,很冷。我印象最深的是,央广的工作太严谨了,花费六七小时准备一小时的节目,时间要精确到秒,不可想象。但可以作为实习编辑和嘉宾一起上节目、做评论,很过瘾。

14天很快过去,接下来是漫长的等待。最后,终于等来了人力资源的电话,未被录取。我终于踏实了。结果很遗憾,却不会悬着这颗心了。天堂曾向我招手,但失之交臂。

一次小小的挫折并不能动摇我的决心,我决定再次应聘,这次是经济之声。笔试面试之后,我又通过了。那次笔试,印象也很深,题量特别大,写那么多评论,累个半死。有一道评论题,我写了一首半通不通的律诗。

后来,很多领导问我,为什么考试写了一首诗?我说,要求是题材、体裁不限,可以写诗歌吧。但主要是题目太多,答不过来。怎么顺手就怎么写了。

我被录取了,"天堂"终于向我打开了大门。但我很快知道,想多了,这里并不是天堂。我的岗位不是我熟悉的播音主持专业,而是早间编辑。为了喜欢的央广,我认了。

经过半年的磨炼,终于在体力透支之前,我在编辑《今晨媒体观察》时找到了感觉。那是一个"合并同类项"的工作,在众多当天新闻中,找到一个关键词,统领全篇,做成一篇文章。这是一个文字上的创新,很烧脑,却很有成就感。

我终于可以在天天守岁夜夜过年中找到一点自我的价值,否则我难以解释,我为什么在这里。难道只为了在主持方面编辑最好,在编辑方面主持最好吗?如是这般一年之后,我出版了《保卫财富》一书。

再然后,我在重症监护室外陪护病人的过程中,耳闻目睹种种人间疾苦,突发灵感。在价值观混乱的当下,何不做一档节目,传达我对世界的观感？于是，《老马价值观》带着温度应运而生。这是有点特别的缘起和发心，却成为我后来专栏写作的日子点灯熬油痛并快乐的最大力量源泉，我"观"故我在。

  水落石出，一切似乎都有了答案。我为什么要来央广，从事以前并不熟悉的财经类节目的工作，并坚持好几年？不只是圆了小时的梦，原来，老天在成就你，师友在栽培你，在你不熟悉的领域，挖掘你的潜力。回头看，曲径才是终南捷径，偶然里面都有必然。

  这就是我的故事，一个"不抛弃不放弃"的故事。当你产生一个念头的时候，你需要把它种到土壤里去，梦想总是要有的，万一发芽了呢？当你遇到挫折、不顺心时，你则需要一个决心，坚持下去，谁知道这个快递的包裹到底藏着怎样的礼物呢？不剥到最后一层，一切都还是个谜。

  凡经行处都是必经之地，凡所遇见都是天赐福分。情谊即财富，一生珍藏；烦恼即菩提，芭蕉过雨。用心体会，才知一切都是必修的功课，处处都有上天的美意。

2016 年 7 月 6 日于北京

目录

第一辑：人是万物的尺度
——观大人物价值

- 002　人是新人，世界便是新世界
- 004　比尔·盖茨为何不穿名牌
- 008　郎平：怎样成就更好的自己
- 011　有一种财富观叫扎克伯格
- 013　任正非的"阿甘精神"
- 015　"财神"陶朱公是怎么炼成的
- 018　胡雪岩与李嘉诚的经商秘诀
- 021　林则徐和苏东坡的政绩
- 024　小剃头匠到大银行家的逆袭

第二辑：弱者的尊严是社会的体面
——观小人物价值

- 028　平凡的人们给我最多感动
- 031　为什么要关注小人物的命运
- 034　弱者的尊严，社会的体面
- 036　总让好人受委屈，不该成为主流价值观

038　爱惜自己，并不影响人格的伟大

040　寒门子弟就没有出头之日吗？

043　过劳模的福利谁来保障

045　那些被高房价悄悄改写的人生

048　养个娃要 200 多万元，你敢生吗？

第三辑：众声喧哗里的匠心独守

——观匠人价值

052　匠心独具和价值坚守

055　爆款，靠寂寞和信仰打造

057　神技是怎样炼成的

059　工匠精神就是"讲究而不将就"

061　林巧稚的处方单

064　演员的自我修养

067　家庭主妇如何影响世界

069　刷马桶刷出"国宝级匠人"

第四辑：不能转化为幸福的财富是生命负担

——观财富价值

074　学会给自己"加杠杆"

077　马未都的捡漏本事没法学

080　一夜暴富的春秋大梦

083　有多少"透支"可以重来

- 085　极简，最合乎经济之道
- 088　贵与不贵
- 091　中产阶层如何放轻松
- 094　化解中产焦虑，送你三碗鸡汤
- 096　不光"国强"，更要"民富"
- 098　谁"绑架"了房地产，又被房地产"绑架"
- 101　"工薪税"的帽子怎么摘？
- 104　沈万三家族的没落起因于"炫富"吗

第五辑：吹落黄沙始见金
—— 观企业价值

- 108　低调做人，高调做事
- 111　告别代工，需颠覆式创新
- 114　真假之辩和虚实之争
- 116　除了关门，中国企业还有两种活法
- 119　创业成功秘诀：不熟不做
- 122　创业，怎样成为 5% 的幸存者
- 125　我们可能碰到了假日企
- 128　看好你的底裤
- 131　走出国门去，东北有金山
- 134　人工智能会带来大量失业吗
- 137　小小一块钱，大大"生意经"

第六辑：国家繁荣昌盛的名片

——观财富价值

- 142　那些超级品牌是这样炼成的
- 145　民族品牌如何与跨国公司掰手腕
- 148　同仁堂三百年屹立不倒的看家功夫
- 151　400多年前，一对"中国合伙人"的传奇
- 154　解码金刚组1400年长寿之谜
- 157　为何好品牌讲的故事那么好听

第七辑：弓满则断，月满则亏

——观底线价值

- 162　陈道明不拍抗日"神剧"
- 165　只为苍生说人话
- 168　他微服私访，大吃一惊
- 171　失去信用，寸步难行
- 173　"良心债"是什么债
- 175　神户牛、拉菲酒，谁在吹牛？
- 177　人为财狂：多少资本在"击鼓传花"
- 180　文玩市场盛极而衰，谁是背后推手
- 183　莫出奇葩规定，离散了人心
- 186　治水，堵还是疏？
- 189　青岛排水神话的真相
- 191　婚姻货币化成社会公害

第八辑：人品是最高学历
——观教育价值

- 196 万物都可物联，人不可物化
- 199 你嘲笑的人，正活得比你幸福
- 202 精致的利己主义者也是培养出来的
- 205 如何防止家族出现败家子
- 208 这样的黑锅，经典教育背不起
- 211 以读书好坏论英雄，马云首先不答应
- 214 在"最难就业季"如何杀出重围
- 216 富有的习惯：学习力等于竞争力

第九辑：致那些即将消逝的文化印记
——观文化价值

- 220 文化印记第一篇：拍案惊奇
- 222 文化印记第二篇：别具匠心
- 224 文化印记第三篇：十指春风
- 226 文化印记第四篇：信使，好久不见
- 228 文化印记第五篇：螺蛳壳里做道场

第十辑：扶大厦将倾，挽狂澜既倒
——观美德价值

- 232 爱国，到底是什么
- 234 学雷锋也看"颜值"吗
- 237 宽容，成就世界之美
- 240 我为什么要倡导"知恩图报"
- 242 你有当面说"不"的血性和勇气吗？

	245	生命至上，救人要紧
	247	职场中什么员工最有前途
	250	易求无价宝，难得有情郎
	253	当你老了，头发白了
	256	陪伴，是最长情的告白
	259	如何优雅地老去

第十一辑：不义而富且贵于我如浮云

——观商帮价值

	262	商帮系列第一篇：汇通天下之山西商帮
	265	商帮系列第二篇：神秘多金之潮汕商帮
	268	商帮系列第三篇：反哺故土之宁波商帮
	271	商帮系列第四篇：儒商风范之安徽商帮
	273	商帮系列第五篇：爱拼会赢之福建商帮
	275	商帮系列第六篇：草根创业之江右商帮
	278	商帮系列第七篇：信义为怀之山东商帮
	280	商帮系列第八篇：钻天有术之洞庭商帮
	283	商帮系列第九篇：崇尚实业之江苏商帮
	286	商帮系列第十篇：丝路硬汉之陕西商帮

附录：

	290	"四维写作"简明技法
	303	应试作文"五步成文"法

	306	后记

[第一辑]

人是万物的尺度

观大人物价值

人是新人，世界便是新世界

"周虽旧邦，其命维新。"(《诗经·大雅》)

当今世界，包容是大势，是潮流，浩浩荡荡。子曰："君子和而不同，小人同而不和。"

你看，网络这样发达，自媒体如此兴盛，世界不再是地球村，而更像一间会议室，不同的利益主体都在发声。你可以说众声喧哗，或者呕哑嘲哳，总好过一言堂式的众口一词。这恰恰是一个包容世界的指标，让每一个微小的利益方有发声的机会。

更加包容的世界，并不意味包容不美好，我们要包容的是不平则鸣，有人说出真话，我们要有容人之量。所谓"一句真话，能比整个世界的分量还重"。

我们不能高估自己的声音，却也不必妄自菲薄，当不公平事件反转，当不正常事件被纠正，我们也会欣慰蚍蜉撼树之力。我们的征途可以是星辰大海，脚下的星球，更需要我们点滴改变。改变世界，最力所能及的，莫过于改变自己。不给世界添乱，已然在为世界做贡献。

新的一年和旧的一年，新世界和旧世界，真的有根本区别吗？人没有变化，进入2017年抑或2071年，都没有实质意义。"周虽旧邦，其命维新。"所有的新媒体终会变成传统媒体，所有的新技术终会被迭代。人呢？人是新人，世界便是新世界。

在过去的岁月，发生太多不美好的事物。叹年来踪迹，何事苦淹留？不美好的，过去就过去吧，唯有那些美好，值得再三回味。大人物有大人物的道德，小人物有小人物的担当，同是诚信、慈善、急公好义、拾金不昧、助人为乐、知恩图报、救人于危难，小人物往往给我更多感动。

这世界，虽然很多人慨叹好人难做、老实人吃亏，但美德就是美德，跨越古今，谁不价值认同；正能量毕竟是正能量，无分中外，依然被同道中人传递。宁人负我，我不负人，只为内心安宁。

我们不能驱除黑暗，但可以带阳光进去。

比尔·盖茨为何不穿名牌

> 真正的价值观,价格只能是参数,而不是唯一标准。黄金钻石价格高,不能果腹;萝卜白菜价格低,却可以维系生命。

俗话说"人靠衣装马靠鞍",但是,很多人独独不喜欢鲜衣怒马,该怎么解释呢?

有媒体评价,世界首富比尔·盖茨平时看上去就像个仓库保管员,因为穿着太普通了。开领衫、休闲裤、运动鞋,没有一件名牌。

为什么世界首富不穿名牌?我觉得这个话题很有意思,不妨说说我的思考。分析起来,这原因可就太多了,我看,至少有十种可能:

第一,不想给品牌商免费代言。

以盖茨的名人效应,穿什么都是活广告,他便宜谁是好呢?

第二,私人定制。

这个也说不准,专请设计师量身定做,独此一件,不是名牌胜似名牌。

第三,哥就是这么自信。

有人说盖茨不穿名牌,你还敢小瞧他吗?没错,从行为心理学角度看,不穿名牌,恰恰是自信的表现。

第四,难道是太"抠门"?

这种可能性也非常大。媒体报道过这样两件事：有一次盖茨买了打折商品，跟妻子梅琳达说："我今天很高兴自己没有被多掏腰包。"还有一次，他与一位朋友前往希尔顿饭店开会，没有停车位。于是他的朋友建议将车停放在饭店的贵客车位。盖茨不同意，贵客车位需要多付12美元，他认为那是超值收费。

我发现，不只是盖茨，不穿名牌且很节俭甚至"抠门"的顶级企业家不在少数。所以，这个话题也可以这么问，这么多大企业家不穿名牌，为什么？

这就自然要说到第五种可能，价格和价值错位，聪明如盖茨，不买这个账。

这其实涉及一个很重要的概念，价格和价值的关系。很多人认为，价格高就代表着价值高，实际上是一个误区，价格和价值有错位的时候，可能货不对板，甚至严重倒挂。

比如，搞导弹的不如卖茶叶蛋的；又比如，明星高昂的出场费和科学家微薄的工资。所以，真正的价值观，价格只能是参数，而不是唯一标准。黄金钻石价格高，不能果腹；萝卜白菜价格低，却可以维系生命。

再说第六个原因，得体才好。

得体，是穿衣服的最高境界。英国人在工作、社交、休闲这三大不同场合下穿戴不同服饰，泾渭分明，各有侧重。这就是穿衣的学问。看菜吃饭，量体裁衣，到什么山唱什么歌。那么，美国人平时穿衣服有什么讲究呢？"休闲风格"就是头一个讲究。不妨就参照一下盖茨的开领衫、休闲裤、运动鞋。

第七种可能，规制使然。

想当年赵匡胤陈桥兵变，手下人把龙袍给他穿上了，黄袍加身，死罪啊，要么等死，要么起兵。等于说，穿衣服，并不是你想怎么穿就怎么穿，这里有规制问题。

美国的文化批评家保罗·福塞尔在他的著作《格调》里指出，

时下的美国，穿衣打扮仍然能够看出等级地位的高低。

衣着过于整洁或者崭新，表示社会地位并不是很高，上层和中上层的人士喜欢穿旧衣服，而中产阶级和平民喜欢穿新衣。穿得过于整洁同时表明了对自己地位的焦虑。这个原因，可能超出很多人的想象。

第八种可能，没时间打扮。

大科学家爱因斯坦，在他未成名时，经常穿一件旧大衣，步行在纽约繁华的大街上。有朋友劝他捯饬一下，他笑着说："没关系，反正在纽约谁也不认识我。"

他成腕儿之后，还穿那件旧大衣。朋友再三劝他换件新的，他笑了："没关系，反正这里的每个人都认识我！"这是爱因斯坦的风格和幽默。

当然，大科学家整天把心思放在科研上，哪有心思想穿衣服的事，正如那些大企业家整天想着创造财富，哪有时间去炫富一样。

第九种可能，家风使然。

台塑集团创始人王永庆不仅自己节省，他也要求家人不要大手大脚。有朋友要送名牌给王永庆女儿，她们当时就拒绝了："对不起，我们家不可以穿名牌。"

你看，再富不能富孩子，这是出于家教的考虑。从来纨绔少伟男，成由节俭败由奢。用名牌堆起来的孩子将来有可能败家。所以，这层深意可能是我们容易忽略的。

第十种可能，格局使然。

龚如心，当年香港的第一富婆，她的穿戴从不追赶潮流，有时甚至在地摊上买衣服，一个月花费不足三千块钱，但她却捐出巨额财富。

鸿海创始人郭台铭的生活也非常简朴，从不穿名牌。他说："我自己是不花钱的，我的钱要用于社会，要像比尔·盖茨、巴菲特那样把钱捐出去，要花得更有意义。"

比尔·盖茨也说:"一个人用好了他的每一分钱,才能做到事业有成,生活幸福。"

这么多大企业家不事张扬却又那么慷慨,为什么?小小衣服,也能看出大格局。

郎平：怎样成就更好的自己

> 没有所谓的"幸运"，幸运靠自己争取而来。

夺冠了！中国女排实在神勇。

央视记者采访女排姑娘时感慨："你们真不是一般人啊。"女排姑娘则俏皮地说："对啊，我们是二班的。"这一幕，发生在2016里约奥运会上。

当然，人们在刷屏的时候，说得最多的还是主教练郎平。对郎平而言，再上人生巅峰。30多年前，她作为球员获得奥运冠军，30多年后作为主教练捧起奥运金牌。众人欢呼雀跃时刻，郎平依然神态从容。在比赛失利的日子，在诸多人生不如意的关口，她的冷静和清醒让人印象深刻。

赛后发布会上，她说，目前中国女排技术上还有很多不足，年轻球员还有很长的路要走，世界排坛很多队伍实力接近，"我们发挥得比较好，比较幸运而已。"

这是非常清醒的判断，这是见惯了大场面的世界级教练的功力修为。是的，我们赢得太吃力了。事实上，中国队输了好几场，即使那几场赢球，也是一分咬着一分走，赢得分外艰难。

在这次发布会上，她还谦虚地表示："排球是一个集体项目，一个人能力再大没有用，我感到非常幸运。"

老马以为，如果真有"幸运"这件事，那幸运一定是自己争取来的。

今天，我要提到郎平人生中也许是最重要的一次选择，同样冷静和清醒。

那是 1986 年，"民族英雄"郎平正式退役了。此时，她有两条路可选择，要么，去体校、体委做领导工作；要么，自费去美国留学。

郎平觉得自己不适合当官员，最终决定，离开北京，到美国选学体育管理。到美国后，因为她拿的是公派自费的签证，不能工作，没有经济来源，生活非常清苦。郎平笑称，自己成了一无所有的"国际农民"。

郎平从人生巅峰走下来，远离名利场从头再来，可想而知，这个过程一定异常艰难。

郎平说："这段八年的海外生活经历，历练了我的心智。"但谁又能体会她"把自己这个世界冠军一脚一脚地踩到地上"的感觉呢？

人生很神奇，很多阴差阳错，不知是人生的幸运导致了我们的不幸运，还是人生的不幸运最终带来了我们的幸运呢？

不妨温习一下孟夫子的名言："故天将降大任于斯人也，必先苦其心志，劳其筋骨，饿其体肤，空乏其身，行拂乱其所为，所以动心忍性，曾益其所不能。"

这段格言的深意，郎平用自己的人生经历，做了最生动的诠释。她周游列国，再造神奇，把一些弱旅培养成强队，不仅给中国女排带来幸运，也给意大利队、土耳其队、美国队带去幸运。

现在想来，如果郎平当时退役之后，沿着正常的套路走，体育界会多了一名官员，却少了一位世界级教练甚至是国家体育的标杆。

总结一下，郎平怎样成就更好的自己？

第一，没有所谓的"幸运"，幸运靠自己争取而来；

第二，正确面对艰难困苦，艰难困苦磨炼人，也造就人。正确看待名利得失，名利可以抬举人，也可能成为名缰利锁，捆绑人。唯有自我突破，才能成就更好的自己。

第三，人生选择，也许还是价值观在起作用。尊重你内心的召唤，从事你最热爱的事业，你会活出自己的幸福。

有一种财富观叫扎克伯格

> 人本身是第一财富,叫人格财富。

这是真正的男神女神级的人物。

Facebook 的 CEO 马克·扎克伯格和妻子普莉希拉·陈宣布,将在未来 10 年中投入超过 30 亿美元,用于研究疾病的治疗。此前,这对富有的伉俪早已把慈善的重心从教育转向健康领域,承诺将来要捐出 99% 的股份,相当于 400 多亿美元。

他们为什么这么做?肯特大学慈善研究中心主任布雷兹教授(Beth Breeze)分析称,大多数慈善行为其实都是捐助者的"慈善自传",常常与自身经历等有关。比如,扎克伯格的夫人是一位儿科医生,她曾分享过与患病儿童家长交流的故事;而在成为一名母亲之后,这些经历与身份显然推动了她的慈善行为。

扎克伯格曾被媒体称为"美国最穷的富翁",尽管身家上百亿美元,他依旧住在简陋的出租房里,开着廉价的本田车。不论是出行还是穿衣,都是低调再低调。

在小扎的人生履历中,做过几件很牛的事。第一件,17 岁拒绝微软的 offer,年薪 95 万美元的工作机会。再一件,是 2006 年,拒绝雅虎公司出价 10 亿美元对 Facebook 的收购。如今,夫妇二人立下宏图大志,拿出亿万资产,要给自己女儿和世界上所有的孩子创造一个美好的世界，是更牛的事。

该怎么评价？或许，"不畏浮云遮望眼，自缘身在最高层。"

我们到底该具备怎样的财富观？

中国古代有"君子尚义，小人尚利"之说，有贬低财富的倾向，认为物质利益是小人追求的，钱不是个好东西。还有一种观念，则过度崇拜财富，认为有钱能使鬼推磨。

老马以为，贫无常贫，富无恒富。钱少，不怕。世上那么多安贫乐道之人，像颜回一样，一箪食一瓢饮居陋巷，自得其乐，岂非也是一种富足状态？

钱多，也不错，那么多富而有道的人。像小扎一样，把钱花在慈善上，用在人类医学进步上，干更多正事，不是挺好吗？怕的是什么？怕的是贫而怨，富而骄。

什么是贫而怨？贫穷，不去想致富的办法，总抱怨，命苦怨政府，点背怨社会，唯独不从自己身上找原因。什么是富而骄？富了不去想回馈社会，整天贪图自己的享受，今天灯红酒绿泡夜店，明天穿金戴银炫个富，后天飞机上斗地主……如此富贵，何足道哉。

太史公推崇怎样的富人呢？司马迁的《货殖列传》里推崇富有并且爱做仁德之事的人，比如三聚三散的陶朱公。孔子也认为，安贫乐道和富而好礼的人最值得称道。

该说说综合财富观了。这种新型财富观认为，人本身是第一财富，叫人格财富；挣的钱是第二财富，叫物质财富；智力成果构成第三财富；稳定互惠的信用关系也是财富，叫社会资本。这四个财富的总和构成一个人、一个社会的总财富。

老马以为，当一个社会，以积累"人格财富"为共同价值观时，这个社会的文明素养便指日可待了。

任正非的"阿甘精神"

> "回归商业精神的本质,坚定信心走自己的路。"(华为创始人任正非)

今天有人跟我说:"当年和华为的员工租在一栋楼,我每天下午五点就到家了,华为的员工每天晚上九点才到家,人家这么努力,怎能不成功?"

正好,看到华为大当家任正非有话说:"华为没那么伟大,华为的成功也没什么秘密。华为为什么成功,华为就是最典型的阿甘,阿甘就一个字'傻!'"

任正非说,阿甘精神就是目标坚定、专注执着、默默奉献、埋头苦干!华为就是阿甘,认准方向,朝着目标,傻干、傻付出、傻投入。

二十多年前,任正非如果这么说,可能人家会说他真的"傻",就像十多年前,人们把满嘴都是互联网的马云当"骗子"看一样。但以华为今时今日的地位说自己"傻",这个"傻",就"傻"得让人肃然起敬。

《阿甘正传》这部电影给我印象最深的是,阿甘特别能跑。小时候跑得快,这样别人就没法欺负他。长大后跑,却完全是因为喜欢。先被大家围观,七嘴八舌议论。再后来,很多人开始效仿,跟着他跑。人越来越多,影响越来越大。

在现实生活中，也有这样的人。一个44岁的男人，在经营中被骗了200万元，被国企除名，求留任遭到拒绝。背负200万元债务，这日子怎么过？媳妇跟他离婚，这日子过不下去了。他就一个人带着老爹、老娘、弟弟、妹妹在深圳住棚屋。在这样的背景下，他创立公司，没有资本、没有人脉、没有资源、没有技术、没有市场经验，就是这样一个人，用27年时间把公司带到通讯行业世界第一的位置，成功逆袭。对，他就是任正非。

这位"励志哥"这样看中国的创新环境：中国缺少创新的原因是社会不尊重知识产权，不鼓励试错，不具包容精神，好不容易出了个诺贝尔奖获奖者屠呦呦，还饱受争议。这就导致谁也不愿进行原创，都热衷于抄袭。

这事特别让人感慨。"不愿进行原创，都热衷于抄袭"后面，是急功近利。这是一个赚快钱的时代，很多人奔着钱去，功利心太重。还没创立公司，就想着怎么快点上市，快点套现。

工业化社会，快，是一个特征，整个社会都要求效率。但很多公司就是因为发展得太快，身子和大脑脱节，结果出现诸多后遗症。这不是真正的快，其实这是"急"，内急：急着发财，急于成功。

所以，我要说，学习华为好榜样。可以不那么急，踏踏实实地、一步一个脚印地往前走。最终我们比拼的，不是谁跑得快，而是谁还在跑。

任正非说，华为就是一只大乌龟，二十多年来，只顾往前爬，全然没看见路两旁的鲜花，不被所谓互联网"风口"所左右，回归商业精神的本质，坚定信心走自己的路。

这让我想到《蜗牛》，很励志的一首歌：我要一步一步往上爬 / 等待阳光静静看着它的脸 / 小小的天 / 有大大的梦想 / 我有属于我的天 / 任风吹干 / 留过的泪和汗 / 总有一天我有属于我的天。

"财神"陶朱公是怎么炼成的

"财聚人散,财散人聚。"(《大学》)

在中国历史上,出现过无数位大富豪。但今人给富豪排名,通常都把陶朱公排在第一位。

陶朱公何许人也?《史记》中记载,此人"累十九年三致金,财聚巨万",但他仗义疏财,赚了钱,就从事各种公益事业,留下"富而行其德"的美名,后人尊他为"财神"。

但"财神"陶朱公是怎么炼成的?我以为,首先是极具商业头脑。

时值乱世,战事不断,陶朱公发现了一个巨大的市场需求:吴越一带需要大量战马,而北方多牧场,马匹便宜又剽悍。他心里明白,在北方收购马匹不难,到吴越卖掉也不难,难的是如何将马匹由北方运到吴越。水陆迢迢,人马住宿都需要费用,而且兵荒马乱,沿途强盗横行。

愁眉不展之际,他在一个茶肆里听说齐国有一个叫姜子盾的富商,经常贩运麻布到吴越,而且已买通沿途强盗。有主意了!陶朱公立马写了一张榜文,大意是:我新组建马队,开业酬宾,可免费帮人向吴越运货。不出所料,姜子盾主动找到他,求运麻布,陶朱公满口答应。

如此一来,陶朱公与姜子盾一路同行,货物连同马匹都安全到达吴越，马匹也迅速脱销，陶朱公因此大赚一笔。

极具商业头脑的人物，历史上很多，不是每个人都能成为"财神"。财神陶朱公是怎么炼成的？我看最重要的还是他的散财本事。陶朱公的"三聚三散"，至今为人津津乐道。

陶朱公，本名范蠡，曾辅佐越王勾践，复兴越国，是著名的政治家、军事家和经济学家。但，越国胜利之后，大功臣范蠡居然放弃高官厚禄，修书一封，哥不干了。这是他的"一聚一散"。

范蠡辞官后，改名换姓，到了齐国。没几年，靠耕种又发达了，积产数十万。齐国人仰慕他的贤能，请他做宰相。范蠡心生警惕，就说："久受尊名，不祥。"意思是，名声太大，不是好事。于是，归还宰相印，将家财分给乡邻，再次隐去。这是"二聚二散"。

后来范蠡来到陶地（今山东肥城陶山，或山东定陶），他看这地方好，可以做生意，于是自称"陶朱公"，抓准时机进行物品贸易。时间不长，又赚了大钱。后来，因为一次特殊的机缘，陶朱公又一次把钱财散尽。

这就是他的"三聚三散"。正是因为陶朱公有这"三聚三散"，后人才把他尊为"财神"。史学家司马迁为此赞叹说，"陶朱公三迁皆有荣名"，搬了三次家，都留下了好名声。

事实上，陶朱公轻财重义的特点，可能出自天生的智慧，也可能来自惨痛的人生经历。陶朱公第三次散财的原因，就源于次子被杀。次子因杀人被囚禁在楚国。陶朱公于是派小儿子前去探视，带上一牛车的黄金。可是长子坚持要替弟弟去，陶朱公只好同意。

过了一段时间，长子带着次子的死讯回到家，家人非常悲哀。因为舍不得钱财，他得罪了人，把本可救出的弟弟搭进去了。陶朱公说："我早就知道次子会被杀，不是哥哥不爱弟弟。他从小与我在一起，知道为生的艰难，不忍舍弃钱财。而小儿子生在家道富裕之时，不知财富来之不易，很容易弃财。我先前决定派小儿子去，就是因为他能舍弃钱财，而长子不能。"

经此打击，陶朱公更是看淡了财富，又一次把家财散尽。财聚人散，财散人聚，这不是很惨痛的经验教训吗？

从历史资料来看，陶朱公三聚三散，绝非偶然。对财富的聚散之道，他是有清晰的认识的。陶朱公有五字商训：天、地、人、神、鬼。天为先天之智，经商之本；地为后天修为，靠诚信立身；人为仁义，懂取舍，讲究"君子爱财，取之有道"；神为勇强，遇事果敢，敢闯敢干；鬼为心机，手法活络。

从这一表述来看，陶朱公对财富的理解非同寻常，到达"诚信仁义"的道德层面，还进入懂取舍明进退的哲学层面。

老马以为，对于财富的聚散，从经济学角度看，是完整的一体，钱只有流动起来才有意义；从历史角度看，是客观的规律，没有一个人可以坐拥巨富不撒手的。但是，说归说，做归做，太多人聚敛钱财不遗余力，真到散财时还是舍不得，真正做到像陶朱公那般慷慨、活得那么明白的，究竟太少。"世人都晓神仙好，只有金银忘不了！终朝只恨聚无多，及到多时眼闭了"，岂不是很没意思吗？

早有聪明人总结，财富聚散与身家兴衰之间是有"周期率"的。明朝有位思想家吕坤，曾经做了一个很有趣的"身家盛衰循环图"。这个图揭示了由贫至富、由富至贫的因果循环："困穷使人悔悟，悔悟使人勤苦，勤苦使人节俭，节俭使人富足，富足使人骄奢，骄奢使人淫暴，淫暴使人祸变，祸变使人困穷。"有人评价说，此图不仅知人事，而且知天道。

以散为聚，这在儒家经典《大学》里的表述是"财聚则民散，财散则民聚"。儒家认为，在一个国家里，道德是立国的根本，财富只是枝末。所以，只顾聚集财富，民众就会离散；财富分给国民，就会使民心归顺。

在这样的背景下，陶朱公真是神一样的存在：天地庄周马，江湖范蠡船，他总在人生的巅峰适时收手，急流勇退，钱赚得讲究，散得慷慨。这样的"以散为聚"的"财神"，难道不值得今人学习吗？

胡雪岩与李嘉诚的经商秘诀

"既以为人己愈有,既以与人己愈多。"(《道德经》)

朋友问我,100减1等于多少?我说,难道不等于99吗?她说,等于0。我这才知道,这是危机定律,1%的错误往往会导致100%的失败。

"二战"初期,美国空军降落伞合格率为99.9%,每一千个就有一个出事,非常影响士气,军方要求必须达到100%。

厂家说,这不可能。什么都不能保证100%。

军方说,好,咱们改变质检的制度,最后抽检,我会随便抽出一个降落伞,让你厂商负责人亲自从飞机上跳下去。

奇迹出现了,不合格率很快降为零。

这个故事可以看作"100-1=0"的最生动注解。只要碰到那一个问题产品,命就没了,归零了。

深入分析,这个定律从负面效果看,固然是短板效应,千里之堤溃于蚁穴,一条鱼腥了一锅汤。但是,如果正向思考,会变成胡雪岩雨中送伞的暖心故事、李嘉诚生存共存的道理乃至华为人"利益均沾"的原则,产生100-1>100的效果。我把这个,叫作"100-1>100"分享定律。

胡雪岩雨天送伞的故事比较典型。

有一天，胡雪岩正给几个分号的大掌柜上投资课："投资嘛，就要赚钱，你必须分析市场，不要贸然投入资金。像你们几个，这怎么行呢？赚得太少了。"话音刚落，手下禀告，有人急事求见。那请进来吧。

人来了，满脸焦急之色："哎呀，最近我做生意栽了跟头，急需一大笔资金来周转。为了救急，想把自己全部产业卖了，看胡大人能不能接下来？"

"好好好，您先回去，我商量一下。"

胡雪岩连忙吩咐手下去打听，确有其事。于是，连忙让钱庄准备银子。因为对方需要的现银太多，钱庄里的不够，那就从分号调取银两。

第二天，胡雪岩将商人请来，不仅答应了他的请求，还按市场价购买对方的产业，这个数字大大高于对方转让的价格。

大家一看就傻了，尤其是那些大掌柜。此前还嫌我们赚得少呢，这又是什么道理？胡雪岩微微一笑："这不是单纯的投资，而是救一家人，既交了朋友，又对得起良心。谁都有雨天没伞的时候，能帮人遮点雨就遮点吧。"

后来，商人赎回了自己的产业，也成了胡雪岩最忠实的合作伙伴。众人听说，都佩服不已，够仗义，都愿意跟胡雪岩做生意。

李嘉诚也有类似的做法。有一次，李嘉诚被邀请到大学演讲，有人问他经商的秘诀，李嘉诚说："假如非要说有什么诀窍的话，那就是我与人合作，如果赚10%是正常的，赚11%也是应该的，那我只取9%，所以我的合作伙伴就越来越多。"

在另一些场合，他还有这样的表述："商人不应该自私地只顾自己赢利，而不顾对手死活。如果一单生意只有自己赚，而对方一点不赚，这样的生意绝不能做。多栽花，少种刺；多铺路，少拆桥。有钱大家赚，利润大家分享，这样才有人愿意合作。"

这种"合作共存"的道理体现在通信巨头华为身上，是"利益均沾"的原则。华为是任正非创办的企业,但任正非仅仅持有1.4%的股份,其他的98.6%被员工所持有。《华为基本法》明确指出:华为主张在顾客、员工与合作者之间结成利益共同体,努力探索按生产要素分配的内部动力机制。

任正非说:"让合作方得到合理的回报,以利益共同体来促进命运共同体的形成,从而实现事业上的结盟,是华为成功的秘诀。"

这些故事其实有一个共同点:与人分享财富反而会得到更多。利人利己,分享共赢。这正是我总结的"100-1>100"分享定律的妙处,"既以为人己愈有,既以与人己愈多。"各位看看,能成立否?

林则徐和苏东坡的政绩

"看不见的政绩",谋的是不时之需,为的是长远打算。

有记者下乡调研,听说一件事:当地一位镇党委书记离任多年,百姓念念不忘,因为当年在那位书记带领下整治的荒山和修建的水利设施,如今百姓还受益良多。他们把这些事情称为"看不见的政绩",赞不绝口。

我们总说"为官一任,造福一方",怎么为百姓造福?通常有两个选项:选项一,多做看得见的政绩;选项二,多做看不见的政绩。所谓"看得见的政绩"是什么?通俗理解,就是地上工程;所谓"看不见的政绩",就是地下工程。

很遗憾,"重地上轻地下"现象由来已久。比如,对修地下管网不积极。国务院办公厅曾专门发文,批评很多地方这种错误观念。

为什么很多官员"重地上轻地下"?曾有市长一语道破其中奥秘:"地下铺了管网,把几百亿埋在地下,老百姓也看不见,我怎么能干这个事儿呢!"这是当前不少地方决策者骨子里的政绩观。但这句话也间接透露出政绩考核的缺陷,是不是政绩考核也"重地上轻地下"呢?

我们说"为官一任,造福一方"。不管看得见看不见,这个政绩不应该是个短期行为,受益期限越长越好;受益人群越大越好,若是子子孙孙都跟着享福才叫好。

新疆伊犁有一个"林公渠",那是林则徐修的,至今人们还念着林大人的好。林则徐作为民族英雄,功勋盖世,却被贬谪新疆,被迫做了一名援疆干部。当时,他已经60多岁了。

此时,他有两个选项:选项一,躺在功劳簿上过日子,游游山玩玩水喝喝酒写写诗;选项二,继续为民服务。他选择了后者,从关系民生疾苦的小事做起。你们不是缺水吗?咱们修渠好了。

这是1844年,170多年前的事。林则徐主动捐资承修了清代伊犁最大的水利灌溉工程——阿齐乌苏渠。据史料记载,阿齐乌苏渠龙口导源工程共费时四个多月,用工十万有余。

他也是写了诗的,"短衣携得西凉笛,吹彻龙沙万里秋",环境非常艰苦,更显得咱们这位地方官非常了得。一条"林公渠",比多少面子工程都更加接地气。

杭州西湖的苏堤也是如此,这是苏东坡任杭州知州时主持修建的,现在是西湖十景之首,名曰"苏堤春晓"。这疏浚西湖的事情,也属于"看不见的政绩",苏东坡何以为之呢?

我们知道,苏东坡非常喜爱西湖美景,有诗为证:"欲把西湖比西子,淡妆浓抹总相宜。"但他第二次在杭州为官时,发现这美人成病美人了,"湖泥淤塞,葑草芜蔓",因为长久不清理,湖底淤泥太多,水草丛生。

当时,他也有两个选项,选项一,不管它,继续写我的诗,做我的地方官;选项二,虽然可能费力不讨好,我得做一做这环保工程。苏东坡的选择是后者,于是,千百年后,苏堤成了政绩的长堤。

我国古代医家讲究"上医治未病",病人没生病之前就动手,这是好医生;在危险到来之前,就做好防备,这也是好干部。很多"看不见的政绩"练的正是这样的内功,谋的是不时之需,为的是长远打算。

修地下管网、修水利、疏浚河道或者整治荒山之类,这都是未雨绸缪的前瞻意识,全局思维。说到底,也是百姓意识,民生思维;而不是只为应付上级检查的意识、邀功请赏的思维。

历史很公平,某些"看得见的政绩",像阿房宫一样,一把火就灰飞烟灭了;某些"看不见的政绩",却经历了历史的长河,山高月小,最终水落石出。

小剃头匠到大银行家的逆袭

> 无奈过河，过了河，他成了英雄。

据说，在近代中国历史上，有一个人的财富比马云和王健林的财富加起来还要多。这个人就是福建泉州人氏黄奕住。按照货币购买力来折算，的确如此。20世纪20年代，黄奕住从印尼回国，带回2800万美元（折合银币4000多万元）。那时候的亿万富翁，哪里是现在的亿万富翁可比？

这个人的钱是怎么赚来的？说起来，这是一个励志故事。黄奕住当年闯南洋，是带着36块银圆出去的。父母卖掉了祖传的一块田地，给他做出国的盘缠。出国谋生，这是迫不得已的做法，一是家里穷，二是为了避祸。

"小阿住"懂事，早早地学了一门剃头的手艺。有一天，为一豪绅理发修面时，豪绅突然咳嗽了一声，剃刀就把豪绅的额角给伤到了。但也不是大伤，碰破点皮而已，可那豪绅不依不饶，一顿斥责怒骂，扬言要找他算账。"小阿住"不敢住在家里，坚定了下南洋谋生的念头。

1884年，"小阿住"闯南洋。先到新加坡，后来去了印尼。经常挑着理发担到码头给人剃头，一来二去，人们亲切地喊他"剃头住"。"剃头住"眼界开了，思路也就活泛了，单是剃头只能谋生，想多赚点钱,得改行。

有一天,他把这个想法告诉了来理发的华侨魏嘉寿。魏嘉寿很支持他,还借给他五盾作本钱。"剃头住"随即把剃头挑子丢进大海,发誓告别过去,重新奋斗。这有点"破釜沉舟"的意思。

现在看来,这是他一生重要的转折点,从此开始了一个剃头匠向商人的转型。

"剃头住"是经商奇才,天生就是做生意的材料,很快有了自己的店铺,由行商到坐贾。过一段时间,开了商行;再后来做国际贸易,成为印尼爪哇四大糖王之一。到1919年,当年的"剃头住"已成为商界巨子和华侨领袖了,涉足商业、银行、保险、房地产和种植等多行业,生意遍及中国、印尼、马来西亚及新加坡。

那么,黄奕住为什么要回国呢?当时印尼的荷兰殖民者要他交巨额赋税,要不然就赶他走。走就走,谁稀罕。他毅然决然卖掉所有财产,带着现金回到了中国。30多年前,他因为家里穷不得不去闯荡南洋;30年后回来时,他已经是中国首富了。

回到家乡,他定居鼓浪屿,开始投资,在厦门岛上盖别墅、建自来水公司、设电话公司、开银行,风生水起。而且,政府居然允许黄家的银行发钞。可以说,黄奕住显赫一时。

那么,小剃头匠是如何成为大银行家,成功实现逆袭的?老马以为,他的人生至少有三个助缘:

第一个助缘,穷则思变。贫穷能不能成为助缘,分人。在穷困的环境下消沉的大有人在,自怨自艾,随波逐流;但也有人穷则思变,穷且益坚,这样的人也不少。

黄奕住小小年纪学剃头手艺,是"穷则思变",穷人孩子早当家,荒年饿不死手艺人。至于闯南洋,远走他乡,也是"穷则思变",辛苦归辛苦,但大好男儿都没勇气走出家门,还谈什么改变呢?

第二个助缘,是贵人相助。遇到华侨魏嘉寿这个过程,有两个说法：一个说法是魏先生听说"剃头住"想转行做生意，很支持他，还借给他一笔钱；另一个版本是，魏先生主动跟"剃头住"说："你剃一辈子头，可以谋生，但不能发财。你要想发财，就要去做生意。你没本钱不要紧，我可以借你。但你必须表一个决心，得把这个剃头挑子扔海里去，断了走回头路的念想。"结果黄奕住真这么干了。

不管哪个版本，这魏先生成为黄奕住人生中最大的助缘。帮助最大的或许不是那点本钱，而是观念的改变。一念之转，改天换地，观念不同，人生大不同。

第三个助缘，是逆向成就，那个土豪劣绅需要感谢。有些人可能不理解，那位豪绅对孩子不依不饶，又是斥责怒骂，又是恫吓，实足大恶人啊。不然！正是这个人的责骂和恐吓坚定了黄奕住下南洋谋生的念头。从事实上，成为改变黄奕住人生的重要"推手"。

人生的助缘，就像一个包裹皮，看上去不一定都那么光鲜亮丽，也可能是破破烂烂的，但是，多少年后当你打开这个包裹，你会发现，那破破烂烂的包裹里居然藏着一份最精美的礼物。这样的"恶人"，我们是该憎恨他，还是该感谢他呢？

[第二辑]

弱者的尊严是社会的体面

观小人物价值

平凡的人们给我最多感动

> "灿烂星空,谁是真的英雄?平凡的人们给我最多感动。"(《真心英雄》)

一张爱心单程票的故事温暖了我。故事就发生在我身边,是我的同事、主持人梁婧的亲身经历。请看她的原话:

赶地铁去单位,发现钱包没拿,公交卡里只剩一块二。跑到服务窗口想电子支付,却发现工作人员连手机都不能带。这时候,一个似河北口音的大姐说:"你去哪儿,我帮你买。"当我连声致谢并准备用手机给她转账时,大姐笑着说:"真没事儿,以前也有好心人给我买过票。"

梁婧感慨道:"从来不认为这社会没温度,这张爱心单程票更让我坚信。"

当我把这个故事转述给别人,获赞无数。是的,因为真实,所以更能打动人。在我们身边,有多少大姐一样的人物,也许在生活中,她们只是平凡的小人物,但是,在这一刹那,你会发现,她们犹如天使下凡!

再说一件真人真事。西安市民朱女士在银行ATM机上取钱,结果,还没插卡,ATM 机就咔咔咔"吐"出一摞现金。如果是你,该如何处理呢?

看着这一沓厚厚的百元大钞,朱女士蒙了。很快,她决定找寻失主,找不到,于是打 110 报警。民警一清点,ATM 机"吐"出的现金达 9800 元。失主夏女士来了,面对失而复得的现金感激不尽:幸亏遇到了好人,才避免了损失。

这"好人"同样是平凡的小人物。在我们身边有多少这样的"好人",平时看她老实巴交,貌不惊人,但是,他们那善良的劲儿、那副热心肠、那面对唾手可得的大把现金毫不动心的定力,却难说没有惊人的能量。

在我们身边,还有更多的凡人善举。这不,四川德阳天元镇,李女士手撕假钞的一幕,也值得拍案称奇。

假钞不是她的,是一位 85 岁的龙大爷辛苦卖菜的收入。一共 87 块钱中有 60 元是假币,龙大爷郁闷不已。李女士是一化妆品店的老板,怕老人家回家伤心想不开,果断拿出 60 元真钞和他交换,还当场撕掉假钞。

人情冷暖尽在这 60 元假币当中。85 岁的龙大爷卖菜,谁这么好意思骗老人家?这用假钞的人,良心大大地坏了。对比之下,李女士的表现是何等善良、侠义。

老百姓过日子过的是什么?过的是人情。如果大家都能怜恤老弱、有正义感,这人情自然是越过越淳厚;相反,如果大家都尔虞我诈,互相伤害,人情自然越过越凉薄。

正好,最近看到一段视频,记录了一位渔夫把两位老人救出泥潭的过程。

不知是哪个国家,一对老夫妻出外拍照,深陷泥潭,处境危险。有一渔夫从远处奔来,想把他们从泥潭里抱出来,未果。于是,先帮他们把摄影器材和他们身上的重物拿走。渔夫再次回来时,已想到一个救人的办法。他趴在泥潭上,用自己的身体做垫子,增大受力面积,让两位老人按住自己,一点一点从泥潭中抽身。终于,两位老人脱险了。

救人之后,渔夫转身离去,若无其事,一步一步走向自己的小船,继续自己平凡的生活。然而就在刚才,他做了一件多么不平凡的事情。

我慨叹一声,耳畔响起李宗盛的《真心英雄》:"灿烂星空,谁是真的英雄?平凡的人们给我最多感动。"

常听人感慨,人心不古、人情虚假、世道凉薄,当你开始怀疑人生时,请把目光投向你的身边,看看那些平凡的小人物。

他们可能有很多缺点,但不经意间的性情流露,那一点善良、慷慨、古道热肠,已足以改变我们对整个世界的观感。世界也许没有那么好,但也没那么坏。正如文章开头所描述的,当某人受益于他人的帮助,也开始帮助别人时,这世界将会形成一个爱的圆圈。

这世界从不缺少美,而是缺少发现美的眼睛;这世界并不缺少天使,也许他(她)们就生活在我们身边。

为什么要关注小人物的命运

> 周遭的好坏关系着我们的生存,别人的命运就是我们的命运。

为什么要关注小人物的命运?毫不夸张地说,关心周遭小人物的命运,即是关心我们自己。

看看吧,在南京有"偷鸡腿"的妈妈,她为什么这么做?在中山大学,修鞋摊摊主被要求搬离,他该何去何从?还有两兄弟,发现母亲遗物里有张50年前的催款单,他们会怎么处理呢?

从那个"偷鸡腿"的妈妈说起。除了一个鸡腿,她还偷了《三字经》。为什么偷这些东西?是为了孩子。她说:"超市的鸡腿要7块钱一个,可我身上只有5块钱,我拿起又放下,拿起又放下,最后还是一时糊涂……"

原来,这位母亲生有双胞胎女儿,但孩子肾脏都有问题。这次带着孩子到南京总医院治病,因为住不起医院,就白天去医院挂水,晚上租住在两平方米的小屋里。这位可怜的女性收入有限,她在废品站打工,每天只有四五十元收入。这次看病总共带了3000元,也都是向亲戚借的。连办案民警都看不下去了,在朋友圈发微信说,这是自己抓过的最让人心酸的小偷。

转机很快出现了,媒体发起了募捐活动,短短两个多小时捐款额就超过了30万元,一些明星也参与捐款。

这事让人自然联想起 1935 年美国纽约那个为孙子偷面包而被罚 10 美元的老奶奶。那个故事的结果是，纽约市长拉古迪亚带头捐款，并要求在场每人交 50 美分的罚金，送给老奶奶。他说："这是为我们的冷漠付费，以处罚我们生活在一个要老祖母去偷面包来喂养孙子的城市。"

我们的确需要考量，如何让更多女性摆脱穷困潦倒的现状，那些同样生活窘迫却不为人知的母亲又该怎么办？

下一个故事发生在中山大学。校园里修鞋摊摊主被要求限期搬离。很多大学生舍不得，纷纷站出来为这些小商铺"求情"。在他们看来，鞋摊以及自行车铺等便利的平价服务点扎根校园二三十年，早已成为中大社区的重要组成部分。

有人还发布长篇文章，讲述修鞋摊李大叔和妻子 1983 年"落户"中大并扎根 30 多年的故事，包含了鞋匠夫妇和师生们交往的很多感人细节。还说，这些细节构成了几代学生的共同记忆，影响着他们的"三观"。

曾几何时，古圣先贤要求我们"家事国事天下事事事关心"，但是，很多人却"两耳不闻窗外事"，只算自己的小九九。我们很难想象，一个对周遭族群感情淡漠的人会真正对社会负起责任，一个只关心自己不关心他人的人能做好未来的主人翁。

从这个意义上说，中山大学的学子们为修鞋摊摊主的"求情"让我眼前一亮。

第三个故事，说的是姓郑的哥俩，拿着三张老旧的"催款单"，特意找到上海市儿童医院还钱。院方工作人员看着他们，一愣一愣的。

原来，这是 20 世纪 60 年代"上海市立儿童医院"的催款单。二哥郑斌自小体弱，此单是他两岁时因小肠气在医院住院时开出的，欠医院 220 多元及 5 斤粮票。当时家里实在拿不出来，就"欠费出院"了。

兄弟几人一直不知此事。后来，哥几个在整理母亲遗物时发现保存完好的催款单，决定将此款项归还给医院，而且坚持要求折算利息，最终执意归还医院 6600 元。

你看，这样一些小人物，不是要我们来同情的，而是要我们来学习的。学习关心他人、关心社会、关心这个世界，懂得人情冷暖、人品高下。

为什么要关注小人物的命运？我们再来回答这个问题。老马以为，越是关注他们，我们越会发现那些小人物身上承载的生活的艰辛，以及生长于艰辛中的生命的坚韧、强大的心脏，还有坎坷的命运。

其实，哪里只是别人的命运呢？我们彼此同一不二。周遭的好坏关系着我们的生存，别人的命运就是我们的命运。

弱者的尊严，社会的体面

> 当总理为打工者讨薪的时候，那些"相关部门"应该感到汗颜。

又要说到讨薪难。当人们欢欢喜喜过大年的时候，很多忙活了一年的农民工兄弟却拿不到自己的辛苦钱，实在让人看不下去。

媒体报道，国务院总理李克强去云南地震灾区昭通鲁甸，得知甘永荣还有5万元工钱没有拿到手，当即"怒了"，"拿不到打工的工资，伤害的不仅是他一人，而是他全家。欠薪既违背市场规则，更违背道德良心。"

这让人很自然地联想到，2003年，时任国务院总理温家宝替重庆农妇熊德明讨薪的事情。14年中，两任总理不约而同地为农民工讨薪，这不免让人心中百味杂陈。

我想从四个维度评说此事。

第一个维度：违背市场规则。

违规层层转包，在建筑领域几乎是"公开的秘密"。大包工头包给小包工头，小包工头再包给更小的包工头。层层转包，可能意味着层层欠薪；一份欠债，可能意味着三角债、多角债。所以，在层层转包、层层扒皮的状况下，受害者可能不止一个，但最大的受害者是最弱的一环。

第二个维度，要说说道德良心。

欠钱不给的人，不乏"恶意欠薪"者，有钱不愿意给，变着法子当"老赖"。这些无良老板，怎忍心让农民工兄弟吃苦受累、流汗流泪？

当然，"卑鄙是卑鄙者的通行证，高尚是高尚者的墓志铭"。对于某些无良之人，用道德良心谴责略显无力。我们还有更强有力的手段吗？

第三个维度，该说说法治。

很多人说，讨薪难背后是法治乏力，不带牙齿。是的，当总理为打工者讨薪的时候，那些"相关部门"应该感到汗颜。打工者自己讨薪，问题解决不了，总理发了话问题就解决了，我们是不是该这么理解，非不能也，是不为也？这世界上怕就怕"认真"二字，老赖不怕虚张声势，却怕动真格的。

第四个维度，要说到弱者的尊严。

评论家何三畏先生认为，"穷人需要一个保底的尊严"。怎么算保底呢？在平等的法律面前，每个公民的权利都应该得到保障。但现实的悲哀却是，很多劳动者处于话语弱势，往往自身难保。

就说欠债还钱吧。体体面面地拿到自己的血汗钱，这个目标应该是"底儿"吧？可是，拿不到。各种尝试之后，极端讨薪方式出现了。只是，面对那些当街下跪的，或者跳楼、爬塔吊的自虐式讨薪者，我们该怎么责备他们不顾尊严、不顾性命呢？

我们当然要呼吁农民工讨薪要增强法律意识，走正规途径，但我们更要理解他们的窘迫，他们正热切地期待公权力的介入，如果通过正规途径可以讨回公道，他们何至于如此尊严尽失？

时事评论员梁文道说："弱者饱遭欺凌，并不表示欺人的强者就因此得到尊严；恰恰相反，尊严与面子是人际的舞蹈，任何一个剥夺他人尊严的人，都不可能是个体面的君子。"

老马以为，弱者的尊严就是社会的体面。

总让好人受委屈，不该成为主流价值观

> 不是所有委屈，都需隐忍；
> 不是息事之后，就能宁人。

做哪行，都可能受委屈，受了委屈怎么办？人在江湖身不由己，很多人忍了。于是，这世界上出了一个奖叫"委屈奖"。这是什么鬼呢？就是你委曲求全，忍辱负重，单位要对你进行奖励。

这不，四川绵竹城管部门就设置了"委屈奖"，专门针对在执法过程中打不还手、骂不还口的城管队员。说到设置委屈奖的初衷，绵竹城管部门说其实也是不得已而为之。希望通过这种方式，给他们以心理上的安抚。城管队员多是年轻人，他们的工资待遇低，受到的社会舆论压力大，在外面受到委屈，如果不进行心理疏导，会把不满发泄到其他市民身上。

这的确有合理的一面，假如这些城管队员带着情绪去工作，就可能导致"踢猫效应"的出现。别人让他受了委屈，反过来，他也可能让别人受委屈。委委屈屈何时了？

我发现，很多行业都设立了"委屈奖"。比如天津，公交656路车队为驾驶员张戈颁发过"委屈奖"，表彰他在面对乘客无理谩骂时理智应对的职业风范。为了安抚被打的医护人员，湖南浏阳一精神病医院也设立"委屈奖",有护士说"挨打是家常便饭"。还有四川达州那三个孩子,因扶老人被讹诈,某民间公益组织给他们也颁发了"委屈奖"。这样的委屈奖,我随便一找就一大把。

可是,这样的委屈奖听着就够委屈的。在我看来,用委屈奖来解决委屈,不过是权宜之计。

我看到一份数据,非常吃惊。有媒体曾对2002名受访者进行调查,62.2%的受访者在工作中受过委屈,55%的受访者受了委屈后会选择隐忍。

那么,我们该怎么面对委屈呢?隐忍是不是值得提倡?没错,有些事情我们忍了,叫宽容大度,比如精神病人打护士这事。咱们能跟精神病人一般见识吗?城管碰到打骂,能忍,也算高风亮节。总不能对打对骂,又不是开武馆的。

但是,如果真的遇到无理取闹、寻衅滋事甚至敲诈勒索之人,是否也一味忍让呢?那假借摔倒而敲诈勒索三个孩子的老太太及其儿子,最后被警方予以行政拘留。这就对了,让见义勇为的孩子受委屈,是可忍,孰不可忍。

不是所有委屈,都需隐忍;不是息事之后,就能宁人。该忍耐时,小不忍则乱大谋;该据理力争时,寸步不让。一言以蔽之,总让好人受委屈不该成为主流价值观!

爱惜自己，并不影响人格的伟大

> "你忽略了自己的健康，还在担心别人。你这么做，不是在为穷人服务，而是在剥夺自己的用处。"

有一位老人，非常让人感动。

他两次被媒体关注。第一次，媒体报道：《杭州图书馆向流浪汉开放，拾荒者借阅前自觉洗手》，他作为一位拾荒老人进入了大众的视野。他认真读报的样子，让许多网友动容，许多人都为他如饥似渴追求知识的精神点赞。

第二次被媒体关注，是因为车祸。他在过马路的时候，被一辆出租车撞倒，最终抢救无效去世。他的故事至此才被一一揭开，他的遗产震惊了世人。

老人真名叫韦思浩，是20世纪60年代老杭大（现浙江大学）中文系的毕业生，他在退休前是某中学的一级教师。老人每月5000多元退休金，本应有一个幸福的晚年。那他为什么还要靠捡垃圾过日子呢？原来，老人省吃俭用，把所有积蓄都捐助给了贫困学生。

这还是他女儿在整理他的遗物时意外发现的，其中有很多捐资助学的信件和证明。

老先生的事迹是不是很让人感动？在感动之余，是不是也让人心疼、心酸呢？这是我的切身感受。为什么这位具有高尚风格的老先生活得这么落魄？我们在救助他人成就他人的时候，是不是也该爱惜一下自己，这并不影响人格的伟大，不是吗？

也许，这是观念问题。很多人奉行着这样的观念，即牺牲自己奉献他人，这样的爱才足够纯粹，足够伟大。但是，当我们歌颂他们的时候，也应该劝劝他们，要爱惜自己，至少我们会心疼。

我认识一位乡村医生，一度得了胃病。他于是开始反思，自己是医生，怎么弄成这样？他是位敬业且热心肠的医生，不管别人什么时候找他看病，他都有求必应。不按时吃饭，冷一顿热一顿是经常的事，久而久之，胃出毛病了。

病因找到了，于是，他给自己开了个药方，一定要按时吃饭。后来，胃病自然养好了。现在，他依然服务于他的病人，身体很好，收入很好，大家依然很尊敬他。

更典型的例子是特蕾莎修女。特蕾莎修女12岁就抱定了帮助穷人的志向。她被派往印度工作之后，不分白天黑夜地帮助穷困之人，不遗余力。一段时间之后，她累倒了。

有人跟她说了一番意味深长的话："你忽略了自己的健康，还在担心别人。你这么做，不是在为穷人服务，而是在剥夺自己的用处。"

后来，特蕾莎修女重新调整自己的起居生活和工作规律，保证三餐吃饱，睡眠充足，一天休息一小时，一周休息一天。再后来，虽然工作繁重，她身体一直很健康，并且高寿。

所以，我们有必要纠正这样一个错误的价值观，不一定要舍己救人，可以对自己好一点。爱惜自己的人，也才能更好地爱别人。

寒门子弟就没有出头之日吗?

> "坚持下去,并不是我们真的足够坚强,而是我们别无选择。请记住:永远永远永远都不要放弃你自己。"(丘吉尔)

"龙生龙,凤生凤,老鼠的儿子会打洞",在医学上,这叫遗传;在经济学上,却是让人沉重的"贫困代际传递"现象。

《中国青年报》曾采访国家级贫困县——贵州省最北部的道真仡佬族苗族自治县,在那里,很多靠读书走出大山的年轻人又回来了,因为高失业率。

按照社科院新近发布的报告,从毕业生的城乡来源分析,农村家庭的普通本科毕业生成为就业最为困难群体,失业率高达30.5%。在道真,当地老百姓认准一个理:就算砸锅卖铁,也要供孩子读书。在道真人看来,读书是摆脱贫穷的最好通道,然而现实情况是这条路越走越难。

什么是"贫困代际传递"?这是美国经济学家在20世纪60年代初提出的概念,是指贫困以及导致贫困的相关条件和因素,在家庭内部由父母传递给子女,使子女在成年后重复父母的境遇。简单来说,有一种贫困会被复制,代代相传。

2015年年初,《人民日报》刊文指出,在中国已经发生了贫困的代际传递,"贫富差距已具有一定的稳定性,并形成了阶层和代际转移,一些贫者正从暂时贫困走向长期贫困和跨代贫穷。如果不想办法改变这一情况,贫富差距便会趋向稳定化和制度化,成为一种很难改变的社会结构,社会阶层流动通道也将被严重堵塞。"

这一现象并非中国独有。英国有一部著名的纪录片《人生七年》,英国BBC跟拍了14个孩子,长达49年,每7年记录一次,从7岁开始,一直到56岁。

几十年过去,他们发现,富人的孩子依然是富人,穷人的孩子依然是穷人。可见,在英国社会,阶级是很难逾越的。有人也称这种现象叫"阶层固化"。这种固化现象,在美国、日本等一些发达国家,其程度一点不比英国轻。

那么,该如何看待"贫困代际传递"?难道寒门真的再难出贵子,寒门子弟就没有出头之日了吗?

和"贫困代际传递"相对的,某些父母"直接通过关系和权力决定子女的就业",这是"代际传递效应"。这种富贵的世袭性,对贫困学子就业造成极大不公,有些贫困学子说:"不怕苦,不怕累,就怕没机会。"

如果贫富这样"代际传递"下去,将会降低整个社会的活力和创造力。有的人生太艰难,令人失去斗志;有的人生来得太容易,让人不思进取。

那么,年轻人的上升空间到底在哪里?

李克强总理指出,注重推动教育公平,继续对农村和贫困地区学生上重点大学实行倾斜,让更多困难家庭孩子能够受到良好教育,在平等竞争中拥有上升通道、释放创造潜能。

到目前为止,高考仍然是当今社会中一项较为平等的制度,而且,仍然是底层上升的一个重要通道。至今,许多贫寒学子通过高考改变命运,这是不争的事实。

除此之外,以互联网为代表的新经济通道,也可看作一条切实可行的年轻人上升通道。起点相对公平,空间相对广阔,就像一大片处女地，等待青年才俊去开垦。

当然，寒门子弟的上升通道，最终取决于个人奋斗。

不妨说说白居易的奋斗史。唐贞元三年，16岁的白居易来到京都长安，开始京漂生活。名士顾况看到诗稿上"白居易"的名字，开玩笑说："长安米贵，居住不容易啊！"

边说边翻看诗稿："这诗写得好啊。小兄弟，这么好的才华，在京都住下去又有什么难的？"后来，顾况逢人就夸白居易，白居易的诗名就这么传开了。

白居易的经历告诉我们，没有既定之规，一切事在人为。这世界，物质贫穷不可怕，最怕思想贫穷。天天抱怨"上升通道堵死"的人，除了多几条不努力的借口，于事无补。对于千差万别不同利益诉求的人们来说，任何制度都难称完美，我们不能指望天降甘霖，只能强调"天助自助之人"。

人生是一场马拉松长跑，开始这几百米，不管什么原因落后了，不抱怨，别气馁。人生百年，三贫三富过到老，二十年后会怎样，谁笑到最后还不一定。

最后，用丘吉尔的话与君共勉："坚持下去，并不是我们真的足够坚强，而是我们别无选择。请记住：永远永远永远都不要放弃你自己。"

过劳模的福利谁来保障

> 我们赢了全世界,却输了自己,又有什么意义呢?

什么是过劳模?简单理解,比劳模还劳模,每天都处于战备状态,随时投入火热的工作,这样的人已经不足以用劳模来形容了,所以人们称他们为"过劳模"。这些过劳模的福利谁来保障呢?

湖南株洲有一位快递小哥曾引起公众热议。送货路上,起不来了,永远起不来了。当时他跟别人说了一句话:"哎呀,好累。"说完就倒下了。

这句"好累"让人听着心酸。据了解,当月他每天6点多上班,一般要工作到晚上12点,除了吃饭时间,相当于一天工作16小时。

整个中国快递业有200多万人,他这种情况特殊吗?不特殊。调查显示,超过24%的快递员每天工作时间超过12小时。对此,医学专家提醒说,"过劳模"固然敬业,但长期过劳,可能过早出现心血管异常,甚至发生"过劳死"的悲剧。长期过度透支、致病致死,似乎成了大概率事件。

此时,我们需要探讨一下"过劳模"的休息权,他们的休息权谁来保障,谁来按下这个暂停键?

我想,首先是职能部门,职能部门应该负起责任。2016年中国职工福利保障指数是70.4，整体处于基础水平，而且公平性指数也偏低。我们不妨看一下，哪些单位福利保障比较好？首先是国企，国企规模大、效益好；其次是有工会的企业，能帮助员工维护利益。此外，上市公司、互联网企业，相对也会比较规范。

我觉得，2016年中国职工福利保障指数的发布，其实是给职能部门提供了一个行动指南，哪里薄弱就应该关注哪里。

按暂停键，也要靠企业自觉。有些单位领导喜欢把加班作为评判员工是否敬业的标准，这实在是个偏见。

8小时内解决不了，偏要拖到8小时以外，会是什么原因呢？要么工作量太大，要么管理水平或者工作效率低。

有人观察，很多公司的加班没有必要。一部分人是为了表现自己，给老板留下积极工作的好印象；另一些则是未成家在外租房的年轻人，下了班没事做，在办公室上网直到睡觉时间才回家。

按暂停键，最重要的还要靠自我调节。其实，很多"过劳模"是人在江湖身不由己，出于生存压力。但不是所有的酒都能一天喝完，不是所有的活都能一天干完，我们更要爱惜自己，不是吗？

现在有些人崇尚一种观念：拼命干活，拼命娱乐。这对身体的伤害实在太大。拼命干活，是透支身体；拼命娱乐，也会损害健康。

《黄帝内经》有一篇文章叫《上古天真论》。有人问智者："我听说上古时候的人，年龄都能超过百岁，动作不显衰老；现在的人，年龄刚到半百，动作就都衰弱无力了，怎么回事呢？"

智者回答："上古时代的人，饮食有节制，作息有规律，所以都能长命百岁；现在的人就不是这样了，整天歌舞升平、饮酒无度、纵欲无度，真气耗掉了，哪里能够长寿呢？"

那个问话的人对今人来说，也是我们羡慕的古人，这位古人也在羡慕古人呢。现代人，比照那时候的饮食无节制、作息无规律恐怕更是有过之而无不及吧。我们赢了全世界，却输了自己，又有什么意义呢？

那些被高房价悄悄改写的人生

> 逃离未尝不是清醒和勇敢,不必一定到大城市扎堆才有未来。

时下的中国房地产要提防"一业兴百业废"。

我家小区有一个小超市。某日去买东西时,店老板说,我们要关门了,因为卖东西这点利润根本负担不起房租。

这"高房租撵走店老板"现象其实绝非个案。君不见,国内实体店正在大洗牌,关店潮正在上演,无数实体店老板正在为明天发愁。

事实上,我国房地产业经过20年的超常规发展,基本上解决了中国城镇居民住房的问题。到2013年,中国城镇居民人均住房面积接近40平方米、户均1.1套,都达到了发达国家的水平。从总体来看,中国居民手里有了一份以房子为载体的财富。

然而,这些年房价的超常规上涨,则让人瞠目结舌。从开始的人口现象到后来的货币现象,引发公众质疑,房子是用来住的,不是用来炒的。这背后的深层次问题更让人担忧,企业存款活期化、居民财富地产化的趋势越发明显,再如此下去,出现经济的空心化,又奈之若何?

因为高房价,很多群体的人生被悄悄改写了。很多年轻人在大城市生活窘迫,要么住在出租屋继续为未来打拼,要么背起行囊踏上回家的道路。

武汉有对小夫妻，在深圳打拼。忽然有一天，两人决定离开，"走吧，走吧，给心找一个温暖的家。"就这样回到武汉。从一线城市搬到二线城市，两人的生活发生了很大变化，深圳的一套房变成了武汉的四套房。为了更好的生活质量，动一动挪一挪，有何不可？

我们不妨来测算一下房价收入比，也就是住房价格与城市居民家庭年收入之比。凡事都怕比，通过比较，最能看出房价之高，收入之少。有人测算，在北京，一套房＝奋斗31～47年；在上海，一套房＝奋斗29.5～42年；在深圳，一套房＝奋斗45年。所以我说，很多人的人生被高房价悄悄改写，绝非夸张。

不妨看看现实背景下更多年轻人的选择。《全国城市年轻指数报告》显示，年轻人追梦开始转战二线城市和西部地区。报告显示，年轻人的人口流向呈现出新特点：第一，一线城市最受年轻人青睐，但两极分化严重；第二，年轻人追梦新趋势：冷落北上广深，转战二线城市。

在我看来，虽说两极分化严重，一线城市"围城"的格局并没有变，城外的人想进去，城里的人想出去，想出去的一定比想进去的少，逃离的人必定是少数派。为什么？这是经济学上的"虹吸效应"。一线城市有资源优势，平台更好，机会更多，报酬更高，这是难以抗拒的条件，吸引更多的人才汇聚。

不妨把逃离大城市的人群也区分开，我把这个群体分为三类：自我突围型、战略转移型和藕断丝连型。

第一种，自我突围型。被逼无奈，过不下去了，四面楚歌，走还不行吗？迫于无奈说再见。

第二种，战略转移型。为了更好的生活质量，动一动挪一挪，有何不可？比如武汉这对小夫妻，一线换二线，一套房变四套房，至少居住条件大为改观。

第三种，藕断丝连型。其实并未走远，进入大城市工作，逃离大城市生活，可能在城市郊区有一套别墅；面朝大海，有一所房子。这些人逃离的不是大城市，而是"大城市病"，逃离人口密集、逃离交通拥堵、逃离空气污染……然后在工作环境和生活质量之间达成一个很好的平衡。这同样是一种经济现象，越是拥有财务自由的人，越能拥有这种逃离的能力，或者说选择的能力。

我想到古时候一位老兄，逃离大都市，反倒过上了"悠然见南山"的诗意生活。对，他就是陶渊明。由此，提出我的主张：逃离未尝不是清醒和勇敢，不必一定到大城市扎堆才有未来。广阔天地，适合自己的生活方式才是最好的选择。

养个娃要 200 多万元,你敢生吗?

> 生活在北上广深的家庭,养育一个孩子要花费 200 多万元,需要夫妻二人不吃不喝工作 20 年以上。

养孩子太贵,已成为时下舆论热点。

国家卫生和计划生育委员会计划生育指导司司长杨文庄提到一个数据,他们曾做过生育意愿调查,因为经济负担而不愿生育第二个子女的家庭占到 74.5%。另外两大原因是太费精力和无人看护。

我还要提供两个关于 50% 的数据。一个是全国妇联的报告,50% 以上的一孩家庭没有生育二孩的意愿;另一个就是育儿成本,已经占到我国家庭年收入的 50%。教育成本已成家庭经济主要负担。

那么,养孩子到底贵到什么程度?可以量化吗?答案是肯定的。

三四年前,一个"中国十大城市生育成本排行榜"在网上热传,排在第一位的是北京,生育成本是 276 万元;其次是上海,生育成本是 247 万元;排第三位的是深圳,生育成本是 216.1 万元。

"榜单"显示,生活在这些城市的家庭养育一个孩子花费都在 200 万元以上,需要夫妻二人不吃不喝工作 20 年以上。

养育孩子太贵,在我看来,这是一面镜子,它至少反映出两方面问题:一是生活成本高,二是收入水平低。

就在不久前,德国《世界报》还说:"中国人是世界上最幸福的,几年内生活质量飞跃提升。"生活质量飞跃提升是真的,但是不是都很幸福呢?很多人的感受并不那么强烈。

我们不妨看看 CPI(居民消费价格指数),2016 年,全国居民消费价格上涨 2.0%,涨幅比上年扩大 0.6 个百分点。很多人的感受是吃喝玩乐成本全面上涨,消费价格上涨得越来越不"温和"了。一些专家甚至提醒,中国将告别低生活成本时代。

北京大学光华管理学院教授颜色分析说,CPI 统计与百姓感受不一致,一是食品类权重较高,而居住类权重偏低。房价上涨是近些年百姓的最大感受之一,但房价不纳入 CPI 统计,也导致大家对 CPI 的评价大相径庭。

另外,我国经济增长的共享性较低。经济增长带来财富积累和生活水平的提高,对低收入群体的波及效应、辐射效应不明显,表现为高收入阶层与低收入阶层的收入差距扩大。

这就要说到收入水平了。数据显示,1980 年全国职工的年平均工资是 762 元,2015 年的年平均工资是 61240 元,三十几年间,工资的涨幅达到 80.37 倍。但很多人纳闷,为什么我并没感到那么富有?难道真是"共享性偏低"吗?

诺贝尔经济学奖得主、美国哥伦比亚大学教授约瑟夫·斯蒂格利茨(Joseph Stiglitz)的研究成果告诉我们,经济增长不必然会惠及所有人。

他认为,过去的 30 年间,全球生产力激增,但薪资增长的步伐却远远没能跟上。这主要是因为"食利阶级"剥夺了超出自身生产力的利润,因此财富的增长并没有下渗到每一阶级,收入分配显著不均。

亚洲开发银行副首席经济学家庄巨忠表示,在中国经济持续发展的情况下,发展成果要让更广泛的人群受益,实现人人机会均等,那么,通过税收和转移进行收入再分配就会变得越来越重要。

现在咱们回到开始的话题,养孩子太贵,怎么解决?

从发达国家的经验看,各国在鼓励生育方面主要采取经济支持、提供托幼服务,并在女性就业方面提供一些便利和促进政策。

而我国,按照国家卫生和计划生育委员会的说法,构建相配套的政策体系,完善医疗、托育、教育、社保、税收等相关经济政策,需要协调40多个部门,而且,政策实施的效果一般有5到10年的滞后。看来,问题的解决非朝夕之功。

老马以为,降低生活成本,提高收入水平,这至少是一个方向,比如,为相关人群在住房的租售上给予关照,在税收减免上实行优惠,就是立竿见影行之有效的方法。

[第三辑]

众声喧哗里的匠心独守

观匠人价值

匠心独具和价值坚守

> 世界浮躁喧嚣如此，我们更需要出产"大国工匠"，培植匠心、包容静气的土壤。而这，难道不是整个"中国制造"最需要提升的内功吗？

中国能造好火箭、高铁，为何造不好小小的圆珠笔？小小的圆珠笔尖是否需要提升到匠心独具和价值坚守？

在探讨这两个问题之前，我们先来看看"圆珠笔一分线利润"现象。我国一年要生产400亿支圆珠笔，为什么我们生产的圆珠笔只有一分钱利润，甚至只能赚一厘钱？

贝发集团董事长邱智铭说，在他们企业，每年大概会生产30亿支圆珠笔，而一支便宜的笔只能挣几厘钱，这就是这个行业的现状。

那么，谁把大头拿走了呢？外国人。小小笔头恰恰集中了一支圆珠笔利润的大头。资料显示，尽管中国为世界提供了80%的圆珠笔，但笔尖珠芯近90%来自进口，每年需花费2亿外汇进口。日本人拿走了材料的钱，瑞士人、德国人拿走了设备的钱，我们只赚一个微薄的苦力钱。

何以至此？缺乏核心技术。中国的3000多家制笔企业中没有一家掌握高端笔头和高端墨水制作的核心技术。小小笔头折射出的，是"中国制造"的困境。

圆珠笔头看似简单,其实内有乾坤。笔头开口处厚度不到0.1毫米,却要承受各种书写姿势带来的压力和摩擦,同时还要和滚珠完全贴合,既要书写流畅,又不能漏墨。因此,其硬度、开口大小、墨水槽位置必须搭配得天衣无缝。

所以,笔头的每个参数都需要由计算机精确计算到头发丝的十分之一,加工误差不能超过0.3丝。

那么,问题来了,"中国制造"能造好火箭、高铁,为何造不好小小的圆珠笔头?

按照人力资源和社会保障部副部长汤涛的说法,"圆珠笔不好用"背后还是技能型人才的培养问题,"从一个制造业大国到制造业强国,我们在人才培养上还有很大的差距。"其中有几个关键点:中国专业技术人才总体来说,仍是严重短缺,一些领域欠缺独具的匠心,需要重塑中国制造"人力基因",提高"蓝领工人"地位。

汤涛还说:"在军工等特殊行业,中国的大国工匠更多一些,而在一些传统行业,我们的高级技师、首席技师、特级技师还是很少。"

有资料表明,目前中国技能劳动者数量仅占就业人员的19%,其中高技能人才数量还不到5%;制造业高级技工缺口高达400余万人,以电子信息产业为例,技师、高级技师占技术工人比例仅为3.2%,而发达国家一般在20%至40%之间。

说到第二个问题,很多领域欠缺独具的匠心,那么,小小的圆珠笔尖是否需要匠心独具和价值坚守呢?

我的答案是,当然需要,那正是核心技术所在。德国人为一个螺丝钉的设计制造专门设置了博士学位就是样板。太钢集团终于研制出笔尖钢,一些笔头企业已经开始使用,在未来两年有望完全替代进口,这也是证明。

太钢集团怎么研制出笔尖钢的呢?"经过5年数不清的失败,大规模炼钢十多次后,第一批切削性好的钢材终于出炉了。"可以想见，这是个多么精细的活，工程师们付出了多少辛苦。

也许，"能不能忍受孤寂"恰恰是工匠和手艺人的分界线，这种在一个圆珠笔尖上做道场的执着精神和价值坚守，完美诠释了工匠的要义。工匠的核心不一定是去"制造"什么，而是精雕细琢、精益求精的态度，那需要极好的定力才行。

老马以为，我们的确缺少"大国工匠"，一些领域欠缺匠心精神也是事实，但世界浮躁喧嚣如此，我们更需要出产"大国工匠"，培植匠心、包容静气的土壤。而这，难道不是整个"中国制造"最需要提升的内功吗？

借用晚清风云人物翁同龢的对联送给我心目中的大国工匠："每临大事有静气，不信今时无古贤。"遇到千般干扰万般诱惑，依然能心静如水、初心不改，就与古圣先贤没什么两样了。

爆款,靠寂寞和信仰打造

> 当手艺人变成守护艺术的人,这也许是行业的悲哀,但恰恰是这个手艺人最有尊严的时刻。

"京城钢笔张"最近红了,他的爆红让人感觉非常蹊跷。他的小店不过十平米,生意很差,一天都等不来一个客人。可是很多媒体在传扬他的美名。

京城钢笔张名叫张广义,年近九十,修过的钢笔少说也有四五十万支。他到底有怎样的绝活呢?点笔尖。笔头上有个比米粒还小的圆珠,如果掉了,钢笔也就废了。他要做的,就是把圆珠粘到笔尖上,然后在圆珠上开出缝。这工艺在笔厂里都要靠激光,而张大爷全凭过硬的手艺。

但他的走红不完全因为这个,更多的是因为他的店面在王府井一带,寸土寸金,如果要租出去的话,能得到六位数的收入,可是他不租。是嫌少吗?给你加钱怎么样?老爷子叹口气,不是钱的事。不是钱的事,那是什么事呢?原来老爷子担心,小店关门,客人怎么办?

类似的案例不少。在广东,有位老钟表匠叫杨坤,90多岁了还在工作。图什么呢?实在是别人需要他、信任他。不少客人慕名前去,就凭这份信任,他不忍拒绝。

上海也有一位老师傅,手工做旗袍 60 多年,看客人一眼,就知道对方什么尺寸。现在 80 多岁了,还在坚守。

他们的坚守,不是为钱,他们身上体现了匠人精神的核心品质,就是信仰,寂寞和信仰打造了他们的手艺,也打造出爆款的产品。

我这样说,符合艺术成长的规律。台上一分钟,台下十年功。看《霸王别姬》就知道,那些孩子从小练基本功,天没亮就起来,练嗓子、压腿,训练可谓残酷,挨打挨骂是家常便饭,台词背不下来,不许吃饭。

"小女子年方二八,正青春被师傅削去了头发,我本是女娇娥,又不是男儿郎。"就这么苦练十年之后,成为名角。

可是,不是所有人都能成角,成为爆款,大红大紫,春风得意。以前,央广经济之声频道做《文化印记》,采访到很多手艺人,有高级木工、修表匠、绣娘等,这些行业都不景气,都快淡出历史舞台了,考验也就来了。

当一个行业江河日下,当生存都已经成问题的时候,你还在坚持做这件事儿,就不是一般的兴趣爱好所能支撑,非有点信仰和精神不可了。所以,当手艺人变成守护艺术的人,这也许是行业的悲哀,但恰恰是这个手艺人最有尊严的时刻。

日本的秋山利辉写了一本书叫《匠人的精神》,书中写道:"一流的匠人,人品比技术更重要。有一流的心性,必有一流的技术。"

是的,当红尘滚滚,在名利面前,那些手艺人用自己超人的心性和技术给我们做出了标杆。尊重这份职业,做好自己的手艺,耐得住寂寞,坚守住信仰,即使永远成不了爆款,但沉醉于此,自得其乐,足矣。

神技是怎样炼成的

> 手艺人修炼的，不仅是手里的活儿，更是一颗不为所动的恒心。

什么是手艺人呢？单有一技之长还不算手艺人，不然，我们所有工种都算手艺人，开车的、跑码头的、码字的、练嘴皮的，谁没有一技之长？手艺人，不仅要有一技之长，而且要臻于艺术的境界，才可称为手艺。

职业标杆，《庖丁解牛》中的那个"庖丁"算一号。活儿够漂亮，唰唰唰，一头牛就变成了牛肉。一把刀用了十九年，宰牛上千头，还跟新磨的一样。

我私下也把这"庖丁"的手艺跟《新龙门客栈》中黑店的伙计做了对比，那伙计最多就是刀法快而已，算不得手艺人；人家庖丁，不仅是快，而且具有艺术的美感：宰牛的时候发出的声音、皮和骨头分离的声音、刀子游走的声音，可以和着音乐节拍，神乎其技。

这种感觉，文化学者马未都提到过。有一年，他从日本买了把剪刀，感觉非常不一样。用这把剪刀剪东西，那种手感的愉悦是没法形容的。当时，他把家里能剪的东西，纸啊、布啊，包括花的叶子都剪掉了。

愉悦感？现在国人热捧日本马桶盖，是不是也在追求某种愉悦呢？

我不知道人家做剪刀的功夫是怎么练成的，但古书上说到一位做车轮的工匠。这种手艺的确要有手感，绝不是现代化流水线能够出来的活儿。

他说："做车轮的时候，刀子下得快，就省力气，但车轮不圆；下刀慢则费力气，但车轮圆。做车轮最好的技术是，下刀不快不慢，得心应手。但这不快不慢得心应手的功夫，我却不能传给我的儿子。所以我现在七十岁了，还在做车轮。"

现在很多手艺失传，恐怕这也是一大原因，难学又不赚什么钱，怎么往下传承呢？

工匠之所以能成为工匠，就在于这个韧劲。跟跑马拉松似的，别人觉得苦觉得累，坚持不不来，就你行，那你就是冠军。这手艺别人做不来，就你能做，那你就是大师，这是一个手艺人与大师的分水岭。

我还要说说金刚组。这是地球上最古老的企业，1400多年了，其中一个长寿基因是专注，还有一个基因就是工匠精神，对技艺精益求精。这两个基因是一而二、二而一的东西。

有一位金刚组工匠曾参与法隆寺修复，说了这样一句话："等到两三百年以后把这些建筑物拆开的时候，负责拆房子的木匠会想起我们这些匠人来。他们会感叹说，瞧这活儿，干得真棒！"

这是怎样一种执拗的工匠精神呢？工匠精神，第一是热爱你所做的事，胜过爱这些事给你带来的钱；第二就是精益求精，精雕细琢；第三，不跟别人较劲，只跟自己较劲；第四，不忘初心，拒绝浮躁。

罗马不是一天建成的，大师不是一天修炼成的。手艺人修炼的，不仅是手里的活儿，更是一颗不为所动的恒心。

工匠精神就是"讲究而不将就"

> 致敬那些匠人,在孤独寂寞冷的角落,执着忘我。

不久前,朋友给我看了一组图片:在德国,服务器机房的电线都铺排得整整齐齐,如同艺术品。我不禁为之赞叹:太讲究了!

是的,这就是"工匠精神"。我们的确太需要了。这几年,中国的海外游每年达1亿人次,消费上万亿元,说明了什么?大家已经"讲究"起来了,不再"将就"过日子。需求侧"讲究"了,供给侧想继续"将就"恐怕不行。

那么,国货如何讲究而非将就呢?难题之一:大国工匠在哪里?

全国政协委员郑惠强提出:目前,中国部分沿海发达地区已经出现"新蓝领收入秒杀众白领"的现象,许多制造业领域高级技工的缺口极大。

这正是我们影响"讲究"的最大短板,人才短缺。在一些传统行业,我们的高级技师、首席技师、特级技师远远不足。

难题之二:很多民间匠人生存艰难,跟一个饿肚皮的人谈"工匠精神"是否为时尚早?

这是非常令人心痛的现实。就说木匠,按理,真正有资格谈论工匠精神的应该是我们,我们有木匠的祖师爷鲁班。但前段时间,有位记者特意采访了最有代表性的"桃源木工",当地高端木工本来就不多,空有一身本事却没有用武之地,不得已要改行了。一个行业的精细专业程度,必然要以一定的规模做基础,如果我们这些高端木匠还在为自身生计发愁的话,"工匠精神"又从何谈起?

这又涉及难题之三,我们有培植"大国工匠"的土壤吗?

这的确是全行业的问题,如果大家都讲究,那些奉行"工匠精神"的人自然会受追捧;如果大家都将就,那些山寨货就可能大行其道,甚至于"劣币驱逐良币"。

工信部工业文化发展中心主任罗民说得好:"一个拥有工匠精神、推崇工匠精神的国家和民族,必然会少一些浮躁,多一些纯粹;少一些投机取巧,多一些脚踏实地;少一些急功近利,多一些专注持久;少一些粗制滥造,多一些优品精品。"

我想起李宗盛在《致匠心》那个片子里说的话:"手艺人往往意味着固执、缓慢、少量、劳作。但是这些背后所隐含的是专注、技艺和对完美的追求。"他说,"世界再嘈杂,匠人的内心必须绝对是安静、安定的。"

致敬那些绝艺,也致敬那些匠人,在孤独寂寞冷的角落,执着忘我。

林巧稚的处方单

> 态度端正，本身就是一种能力。

一张处方单火了。这张处方单写得非常工整，和以往那种潦草的字迹大不一样，让很多网友慨叹不已。

因为少见，所以多怪。正好，也有媒体翻出一张 70 多年前的病历，字迹之端正整洁，内容之紧凑凝练，才叫惊人。而且，人家是中英文对照，一丝不苟，这业务能力杠杠的。

开处方的人就是中国现代妇产科泰斗林巧稚。这几张处方单，我仔仔细细看了几遍，抄录一份也需要几十分钟吧？我沉默了很久，着实佩服。所谓的职业风范、工匠精神，大抵如此。

罗马不是一天建成的，是一块石头一块石头垒起来的；泰山北斗不是一朝一夕造就的，是一个字一个字写出来的。

为什么会有潦草的所谓"天书"病历？从医生角度讲，也许真的是因为太忙，没时间，有情可原；但是从病人的角度讲，真的是提心吊胆。

其实，从培养医生的角度，要求不可谓不严格。有一个医学院的学生就说，她学写诊断病历的时候，错一个字要罚抄 50 遍，每页超过 3 个错字，那就重来一遍，每次写作业都是心惊胆战。我相信，每位医生都是经过严格训练培养出来的，这种职业的敬畏感应该持之以恒。

林巧稚的手书给我们提了一个醒,本来我们有很多优良传统,别发展没了;本来有非常好的初心,别走偏了。

事实上,在我们周边,不乏大医精诚之辈。在河北望都县,有一位82岁的老中医申祥瑞,擅长针灸和中医外科,自1968年以来为患者治病不收钱。他义诊46年,受益者达20多万人次,无偿舍药55000多份。

这样的一个活雷锋、大善人有什么主张?他主张"只给病人雪中送炭,不给病人雪上加霜"。

要说大医精诚,我们不妨上溯到唐代的医学家孙思邈。这更是神一样的人物。他把医生这个职业早早定出一个标准,一个是精,一个是诚。精是医术,高超的医术;诚是品德,高尚的品德。这是一千多年前的事。

孙思邈本人是不是能做到这一点呢?据说,有一次他采药回来,遇到一只斑斓猛虎,但这只老虎并没有伤人的意思,只是蹲在地上,张着大嘴发出呻吟之声。孙思邈明白,这只老虎恐怕是求医来了。孙思邈仔细一看,果然,有一根长长的骨头卡在了老虎的喉咙里。

他动了恻隐之心,顺手把一个铜铃儿套在胳膊上,然后把手伸进虎口,一使劲儿,把骨头拔了出来。老虎非常感激,自那以后孙思邈每次进山采药,老虎就来陪伴他,有时候还让孙思邈骑在它背上玩耍。

这个故事很能彰显大医精诚的精神。正像孙思邈所说:"凡大医治病,必当安神定志无欲无求,先发大慈恻隐之心,誓愿普求含灵之苦。"然后,再经不懈努力,可为苍生大医。

老马以为,凡事想要做好,就该有点追求,"取法其上,得乎其中；取法其中，得乎其下。"一张处方单，唤醒精气神。不管哪一行，我们都可以学习人家这个态度，不管干什么活儿，能否尽可能精细一点？有时候，能力是一回事，态度是另一回事。心不端，墨磨偏，态度端正，本身就是一种能力吧？

演员的自我修养

"没有小角色,只有小演员。"(李雪健)

最近,一部国产古装电视剧引发了舆论热议。

这部片子当中的主演大量使用抠图和替身,不少镜头破绽百出,诸如雨中打斗头发却一点儿没湿之类的穿帮镜头不胜枚举。

有人说,这些制作公司心浮气躁,能走点儿心吗?这些演员这么演戏,对得起他的片酬吗?

《中国电视剧2016产业调查报告》显示,国内一线明星2016年出演一集电视剧的平均片酬是100万元。但国产电视剧却烂片迭出,神剧不断,让很多观众很不满意。

国产电视剧质量欠佳,有人说和收视率造假有关。这个行业的确有一个怪现象,"用力去做戏,不如花钱买收视率。"这间接导致了制作成本提升,让不少制作公司沉不住气了。

当然,这并不能成为借口,电视剧本身是不是经得起推敲,演员的表演是不是走心,观众是有火眼金睛的。

首先,制作公司要反思。想想当年87版的《红楼梦》,86版的《西游记》、83版的《射雕英雄传》,那是什么制作环境?但并不妨碍拍出经典。

不妨说说86版的《西游记》,当时是什么条件?一名摄像师,一台摄像机，一共拍了6年，相当艰苦。当时，吊威亚是一件非常危险的事情，演员经常摔伤，绳子磨得很细了，还在冒险用。每次拍完，如果没摔伤的话，孙悟空和猪八戒都会击掌相庆。

再说说87版的《红楼梦》。演员召集来了，不急着拍，先组织学习，然后再拍。林黛玉的扮演者陈晓旭，对这事儿有一番感慨："3年，充满辛苦与欢乐的3年。当年一群黄毛丫头都长大了，原本满头黑发的导演也两鬓花白了。"

你可以看出整个制作是多么用心，共同的特点是精益求精。制作经费充足与否，技术条件好坏，不是决定因素，起决定因素的还是人。

接下来，我们再说说演员的自我修养。

前面说到陈晓旭，拍《红楼梦》的时候有一场戏叫"黛玉抚琴"。当时，导演通知要拍，陈晓旭急了，说："我不通音律啊，这怎么办呢？"

那就找替身吧。陈晓旭说决不。"以前我还嘲笑过什么都用替身的演员，现在我决不能让别人反过来嘲笑我。我马上拜师学艺去。"

第二天一早，陈晓旭前往音乐学院，找弹古琴的老师，认真学反复弹，整整练了两天。然后，在镜头面前，像模像样地拍了这段"黛玉抚琴"，让大家惊叹不已。

你看，这就是演员的敬业。难怪很多演员被网友嘲笑，开口有配音、拍戏各种替、不用实景拍、后期全包圆。

我还要说到86版《西游记》剧组，没有区分主演和配角，主演的待遇和其他人一样，没有助理，没有保姆、汽车，没有优待。不像现在有些演员，稍有关照不周之处他就不开工。

当然，也有那种挺著名的演员，不在乎这个。比如梁冠华，演神探狄仁杰。记者还挺不适应，"今天您自己过来的？"答曰："我觉得一个人除非半身不遂了，或者瘫痪了，不能自理了，再找一个助理。"这个回答简直绝倒，看得我哈哈大笑，元芳你怎么看？

我还看过一个视频。那时周星驰还在跑龙套，站在最后一排，看着前面几个主演在那儿你一言我一语，他随着剧情，表现出专注、惊讶、迷惑等很多表情。那叫一个投入，表情比主演还丰富。太抢戏了。

这不能不让人感慨，为什么周星驰后来成为星爷，而很多跑龙套的依旧在跑龙套？态度决定命运，绝然不差。

"没有小角色，只有小演员。"这是表演艺术家李雪健的一句经典名言。其实说到底，这也叫匠人文化，不单单手艺人应该如此，各行各业都应该如此。尊重你的职业，尊重你的观众。这事，和钱无关，和尊严有关。

家庭主妇如何影响世界

> 这是一个被严重低估的职业,她们应享有更高的荣誉。

有这样一篇文章,题目是《我的妻子没工作,她只是一个家庭主妇》,描述了全职主妇的日常生活:从清晨开始忙碌到深夜,没有休假,工作不分昼夜,必须"随时候命",却没有全职妈妈的岗位证书,也没有薪水。

不用说,这对家庭主妇来说是很不公平的。家庭主妇一年能创造多少价值?现在国内有人计算出来了,全职主妇年薪至少21万元。怎么计算的呢?一个称职的全职主妇,必须是一个合格的育婴师,5万元;培训师,8万元;理财师,6万元;买东西货比三家,也省不少钱,保守估计一年按2万元吧,全职主妇的年薪应该是:5万+8万+6万+2万=21万元。

有趣的是,很多国家进行过类似的换算。日本大部分女性认为,家庭主妇的年薪值200万日元,约12万人民币;英国测算,一名家庭主妇一年应得3万英镑,约26万人民币;而美国官方统计,家庭主妇一年创造的价值超过12万美元,约79.7万人民币。

对比之下,美国估值最高,这也从一个侧面反映出美国的人工成本比较高昂。这么一量化,我们就可以看出,家庭主妇的价值远远被我们低估了。

在日本，有一位家庭主妇大大有名，有名到什么程度？居然被美国《时代》周刊评为2015年"全球最具影响力人物"之一。她叫近藤麻理惠，上榜的理由是"特别会做家务"和教会无数人"用双手整理出一个全新的世界"。

事实上，麻理惠干的这一行叫"整理收纳咨询师"。她整理物品的信条就是：第一，"停止犹豫和愧疚，把那些你不想要的、感到不合适的物品，果断舍弃，不要贪婪"；第二，"接触你的每一件物品。当你拿它在手中，会让你怦然心动的，才把它留下来"。

这种整理的好处是什么呢？"这样才会清楚什么对自己才是最重要的，也会渐渐对自己的判断、思考更有信心，纠结得更少，生活会更加轻松。"

当时，评选的过程也颇有戏剧性。美国《时代》周刊"全球最具影响力人物"评委会人员在看到麻理惠的事迹之后产生了争论。有些评委认为，麻理惠只是个"家庭妇女"，她只不过比较会做家务，不能上"全球最具影响力人物榜"。周刊执行主编史坦格并不以为然，"谁不想下班后回到一个温暖、整洁、美好的家？但能做到的人却不多。正如抽水马桶当之无愧地被评为20世纪最伟大的发明一样，近藤麻理惠也教会了我们如何更加文明地生活。"就这样，近藤麻理惠以高票登上了"全球最具影响力人物"排行榜。

你看，一位合格的家庭主妇，做好家务就可以影响世界，更不要说她们相夫教子、对家庭乃至社会的贡献。

所以说，这是一个被严重低估的职业，我们应该重新确立家庭主妇的社会地位，她们应享有更高的荣誉，不是吗？

刷马桶刷出"国宝级匠人"

> 我有一个梦想:全社会以尽善尽美为荣,以粗制滥造为耻;以精益求精为荣,以不负责任为耻;以兢兢业业为荣,以当一天和尚撞一天钟为耻。

刷马桶刷出"国宝级匠人",这是真的吗?真的。这位保洁阿姨叫新津春子,干保洁工作20多年了。东京羽田机场连续4年被评为全球最干净机场,这就是她带领700名清洁工打扫出来的。

全球最干净机场,能干净到什么程度呢?媒体报道说:在那里,整齐的登机大厅明亮得令人耳目一新,厕所干净到令人窒息,不论是高级休息区还是普通候机室,看起来都整洁又清爽,淘气的宝宝可以直接躺在地板上休息。

我注意到这位保洁阿姨至少有两个特点:

一是可以对80多种清洁剂的使用方法倒背如流,还能够快速分析污渍产生的原因和组成成分。

二是非常认真和异常较真。她的清洁功夫绝对精细入微。洗手间里的干手机,在使用后会产生很多细菌和异味,必须把干手机底下的排水沟清理干净才行,哪怕每个槽缝只有几毫米,她也绝不会留下任何灰尘。

这让我想到另一则类似的故事。野田圣子出身名门望族,第一份工作是去东京一家大酒店当白领丽人,在受训期间却被要求负责清洁厕所。她本想立即辞去这份工作,但她又不甘心自己刚刚走上社会就败下阵来。

这时候,酒店里一位老员工出现在她面前,二话不说,拿起工具亲手演示:一遍又一遍地擦洗马桶,直到光洁如新,然后将擦洗干净的马桶装满水,再从马桶中盛出一杯水,连眉头都没皱一下就一饮而尽。

野田圣子对自己说:"就算一生要洗厕所,也要做个最出色的洗厕所的人。"

此后,野田圣子为了证实自己的工作成果,也为了强化自己的敬业心,她曾多次喝过自己擦洗过后的马桶里的水。再后来,她成为日本的邮政大臣。

在我看来,日本出现国宝级的保洁阿姨、喝过马桶水的政府要员其实并不奇怪,这和文化传统有关,和行业自律、社会风气有关,也和政府引导有关。

新津春子的事迹传开之后,很多日本人专程跑到机场跟新津春子说:"您辛苦了!"这让春子非常欣慰,从另一方面体现了日本社会对匠人的高度价值认同。

日本自明治维新以来就推崇"匠人文化"。他们把某一行业的顶级人物称为"巨匠"。一个"匠"字,被化入日本人的骨髓中,成了日本社会的"常识"。

1955年,日本建立了"人间国宝"认定制度。政府在全国不定期地选拔认定"人间国宝",将那些大师级的艺人、工匠,经严格遴选确认后由国家保护起来,并予以雄厚资金支持,以防止手艺的流失。这从制度上为普通人开辟了一个特殊的上升通道,刷马桶刷得好,同样前途无量。

事实上,我们中国也是崇尚匠人文化的,古代"庖丁解牛"的故事已上升到艺术和哲学的高度。当某项技艺达到炉火纯青的境界,便是"技可近乎道,艺可通乎神"了。不管哪一行,做好了,都可以大放光芒。现在,从"师夷长技"的角度来说,我们不仅要给匠人以荣誉,也要加以制度保障,给匠人以扶持。

如果辛苦挑重担的人报酬低微、兢兢业业的老黄牛被嘲讽,粗制滥造还能混日子、假冒伪劣可以登堂入室,那么,我们推崇的匠人文化就还不算落地。

我有一个梦想:全社会以尽善尽美为荣,以粗制滥造为耻;以精益求精为荣,以不负责任为耻;以兢兢业业为荣,以当一天和尚撞一天钟为耻。

[第四辑]

不能转化为幸福的财富是生命负担

观财富价值

学会给自己"加杠杆"

> 我们都可以通过自身价值的提高,来实现财富增值。

你能相信吗? 30多年前的1万元,等于今天的255万元。这是北师大金融研究中心钟伟教授的测算。1981年的万元财富相当于当时人均储蓄的200倍,折算到现在差不多是255万元。

这一现象,很多人用"通货膨胀"来解读,其实我们还可以换个角度看,就是"钱生钱"的可行之道。如果投资得法,30年前用1万元变成今天255万元不是不可能。

李嘉诚曾打过一个比方:如果一个人从现在开始,每年存1.4万元,并且获得年化18%左右的投资回报率,40年后财富会增长为1亿零281万元。这并不奇怪,积少成多,财富的"马太效应"是很惊人的。

要说"马太效应",你看这世界的财富流向越来越向少数人手里集中。瑞士信贷银行发布的财富报告指出,世界最富有的1%人口拥有的财富较其余99%还要多。

为什么有钱人越来越有钱? 有人总结,首先他钱多,要命的是他增值速度还比你快;更要命的是,他还能够更有效地躲避税收。最要命的是,他还会拿着你的钱,来帮助他实现资产升值。

除了为富不仁的因素,其实,钱生钱是正常的"资产增值"现象，钱生钱的速度的确比常人靠劳动赚钱的速度快得多。

但是，只看到这一层还不够，我们还要看看这些超级富豪是如何获取财富的，是否"彼可取而代之"？这些人的财富大致分为两种获取途径，一种是通过政治权力寻租；第二种，凭借出色的个人能力。前一种何足道哉；后一种，就值得钦佩了。

数据表明，"如今最富有的美国人的大部分收入（近2/3）来自工作，而一个世纪前，这一比例大约只有1/5"。

这种出色的个人能力指的是什么？克里斯蒂娅·弗里兰在《巨富》一书中指出，超级富豪们崛起的秘诀，大体可以用"响应变革"这个词组来描述。这些人具有"能够识别范式的转变并适应这种转变的罕见才能"。简单理解，看优势不如看趋势。

我们没法期望自己像超级富豪一样，一夜之间，具备看清时代发展的眼光和"响应变革"的能力，但是，我们却可以受到启发，通过提升自己，以实现财富增值。

由此，我提出，人人学会给自己"加杠杆"的概念，我们都可以通过自身价值的提高，来实现财富增值。很多人以为，投资一般都在实物上，股票、房产、古玩字画……但是他们忘记了，自己才是最大的资产。

首先，把自身当作品牌来经营，从小处做起。

石油大亨老洛克菲勒刚出道的时候做业务员，每次出去开展业务，都会郑重地签上"洛克菲勒"的大名。洛克菲勒？籍籍无名，谁知道你是谁啊。不，大人物都是从小人物做出来的。每个品牌都是一点点建设起来的，我们的一举一动，一次点头，一个微笑都在给这个品牌加分或者减分。

第二，热爱工作，乐此不疲。很多人量入为出，看报酬决定自己的付出。需要转换观念，我们工作真的只是为单位工作，为老板工作，为客户工作吗？不，最终还是给自己工作。能力是你的，成就感是你的，前途也是你的。

第三，要不断成长，多学习。很多人大吃大喝很慷慨，唯独在自己的教育投资上有点吝啬。事实上，学习是一辈子的事情。我相信，一个人的气质中，藏着走过的路、读过的书和爱过的人。

第四，老实做人，务求诚信。这个要多说几句。

有人说无奸不商，做生意不说谎话怎么行呢？有一个老太太就这样跟星云法师说，很难做到不说谎。"我开布店，别人来买布，问这个布多少钱一尺，我说五块钱。别人问，褪色不褪色？我如果说褪色，他就不买了。所以我要说谎，我才有生意。"

星云说："你错了。以后有人来问这个布多少钱一尺，你就说五块，问褪色不褪色，你要说褪色。不过，这里有一种，八块钱一尺，这个不褪色。这就是诚信。"

老太太听了星云的话，后来生意越做越大。星云对此的解释是，她的布店很有信用，诚信能发财。

以上这些，就是我所说的"财富生成指南"。你是不是也打算给自己加杠杆了？

马未都的捡漏本事没法学

> 抱着捡漏、挣大钱的心态,想一夜发财暴富的,很容易上当受骗。

俗话说,乱世黄金,盛世收藏。现在,不少人有收藏的雅好,但收藏者都是什么心态呢?

是提高自己的艺术品位,提升生活质量?还是为了投资,希望通过藏品有个很好的回报?或者就是投机,希望捡漏成功一夜暴富?如果是后一种心态,一定要听我一劝:谨慎点儿。

四川成都武侯祠博物馆最新一次专家鉴宝活动,很多藏家都把自己的宝物带过去了,瓷器、玉器、字画、钱币……什么都有。可专家现场一鉴定,几乎九成都是假货,宝物鉴定大会成为打假大会了。不少人乘兴而去,败兴而归。

四川博物院副院长甘晓说,十年来,年年参加鉴宝活动,绝大多数都是假货,真的好东西几乎没有。

这是不是偶然呢?不是。广西博物馆举办免费的鉴宝活动,从2010年开始,也办了好几年了,最后结果几乎一样,真品廖寥无几。那些收藏爱好者的传家宝、压箱底儿宝贝,绝大多数都是从市场淘来的赝品。

专家说,古玩爱好者群体规模很庞大,有的人心态有问题,抱着捡漏、挣大钱的心态去的,想一夜发财暴富就很容易上当受骗。

专家提醒，我们不能轻信那些人绘声绘色讲故事，更不能轻信出售者的双簧把戏，收藏要谨慎。

说到这儿，我想起一个故事。有一个卖猫的老头儿，每天在街边卖猫，人家卖5块钱一只，他卖10块钱一只，但他的猫却很容易脱手。

奥妙在哪里？他喂猫的盘子不一般，是宋代的钧窑盘子。识货的人，常常故作镇静地跟老大爷买猫，然后不动声色地说："大爷，你把喂猫的盘子也卖给我吧。"

结果老人家把钱往腰里一揣，慢悠悠地说："我要把这盘子给你，今后还怎么卖猫？"

这个故事可以当寓言看。有些人就利用收藏者这种捡漏心理，给他们量身定做骗局。就像现在市面上很多理财产品，高收益高利息高回报，简直就是天上掉馅饼。你贪的是人家的利息，人家要的是你的本金。

关于文物收藏，现在未必是好时候。不妨听听收藏大家马未都的总结："70年代是破坏的一代，80年代是淡漠的一代，90年代是关注的一代，到了21世纪则是蜂拥而起的时代了。"

而马未都之所以成为收藏大家，也正是因为他碰到了文物的低谷期。所以，有人说马未都是从"捡破烂"捡成收藏家的。

马未都的确挺怀念过去的时光：文物不仅价格低，而且件件是真品，没人伪造，因为伪造的成本远高于文物当时的价钱，卖家捧着古玩追着买家跑，目前陈列在观复博物馆里的藏品绝大部分是他在1995年以前收购的。

这让我也很感慨，以前那个件件是真品的时代，把宝贝当破烂；现在是假货赝品横行，不少人钻进了钱眼坏了心眼。

所以，马未都的捡漏传奇有不可复制性，首先是环境，那个文物遍地如草芥的年代一去不复返了。现在人们的文物鉴赏能力也已经空前提高，很难有漏等着你捡。

其次，就是专业知识，如果不具备马未都那样的专业知识，想成为捡漏高手极不现实。如何培养眼力呢？马未都说，文物是文化，或者人类文明的一个坐标，它背后蕴藏着无穷无尽的未知。为此要理论先行，你首先应该知道要收藏什么，再把对应的书找来看，读几本好书，吃透，读懂文化；最好再拜一位老师，掌握技术，学会鉴赏。

马未都2003年在香港苏富比拍得一对紫檀描金七重檐宝塔，这是清代达官贵人献给乾隆母亲的寿礼，曾于100年前流入英国。当时参拍的各国藏家都不看好这对宝塔，马未都拍下后，不少人回过味来，马上提出愿以更高的价钱收购。此后，这对紫檀宝塔成了马未都"曝光率"最高的一件藏品。

当然，即使是马未都也打过眼。马未都在很多场合公开承认，自己打过眼，而且不止一次。

大概在1991至1992年间，有人给马未都介绍了一位天津藏家，对方拿出一件市值160万元的物件，开价16万元，马未都以为又一次捡漏，成功砍价到8万元之后成交，结果拿回家之后仔细一看才发现，那其实是一个貌似"天衣无缝"的仿品。

再次，最重要的还是心态。马未都收藏文物真的是收藏，办观复博物馆，买了一件还想买下一件，醉心于收藏里的文化和文明，而很多人做收藏，是奔着低买高卖去的，格局就相差十万八千里。

有一个数据，很能反映我们现在文物收藏者的心态。在西方收藏界，存在库房里的文物占90%，拿出来卖的占10%。在中国收藏界，存入库房的文物只有1%，拿出来卖的高达99%。由此看出文物收藏者的急功近利。这样的心态，受骗上当的概率自然会更高一些。

一夜暴富的春秋大梦

> "为什么只有赚了钱才叫成功?只有当了老板才叫成功?人人都去当老板,多土啊!价值观念真的是被误导了。"(方励)

时下,中国社会一夜暴富的观念又有点泛滥。随便看看媒体报道:谁谁谁胆够大敢在股市加杠杆,发了;谁谁谁昨天还一文不名,忽然公司上市,瞬间暴富;谁谁谁多少年前囤了多少栋房子,现在身价亿万。这实在是赤裸裸的煽风点火。

把股票、房子看得比天大,这不是穷怕了,就是一叶障目,不见泰山。要说穷怕了,这也是实情。中国现有的绝大部分财富是在短时间内创造出来的,不像发达国家,经历了一两百年,有个累积的过程。

你看,很多人禁不起漫长的等待,别人有的我也要有,别人怎么赚钱快我也要怎么赚。于是,毕业就要有房子,结婚就必须有车,成了某些人的心理定式。

说一叶障目,不见泰山,至少有两个原因:其一,一夜暴富的未必就招人待见;其二,一夜暴富不符合发展规律。

我们知道,中国亿万富豪白手起家的比例在全球最高,达60%以上,主要原因是改革开放之后,才允许私有制的存在,亿万富豪随之出现。不过，很多亿万富豪的主要收入要么来自权力资本，要么来自土地资源，这样的财富未必被人尊重。比如，一提起煤老板，很多人就和"暴发户"联系在一起。

说一夜暴富不符合规律，更是实情。不管是乔布斯、比尔·盖茨，还是任正非、宗庆后，他们无不经历过艰难的创业过程，甚至九死一生，绝非一夜成功。温州人有句口头禅："白天当老板，晚上睡地板"，便是他们的写照。

腾讯创始人马化腾回忆创业，当年曾换了个头像，假扮女孩子陪聊，显得热闹一些。以今日小马哥的光辉形象，实在很难想象当年的窘迫。是的，不要以为创业就一下子高大上了，其实要干很多不那么高大上的活。

据说，腾讯QQ当年积累了1亿用户，还没找到盈利模式，随时死掉。世上哪有那么多一夜暴富的神话呢？

在广东清远，一些家长居然带着孩子去参观豪华度假别墅，以此激发孩子的成功欲望。"孩子，你看，这一幢房子400万元，你只有好好学习，长大了才能成为富贵一族，有能力购买这样的别墅。"

为什么只有赚了钱才叫成功？方励是21家公司的掌门人，算是过来人，他这样说道："为什么只有赚了钱才叫成功？只有当了老板才叫成功？人人都去当老板，多土啊！价值观念真的是被误导了。"

方励还说："媒体在过去20年真的很糟糕，为什么？总是让马云、潘石屹这些企业家的成功故事笼罩在年轻人头上，那就变成乌云了。其实，年轻人有各式各样的爱好、梦想，每个年轻人都可以有各种不同的成功。"

说得好！正如股神巴菲特的儿子玩音乐也没什么不好。巴菲特的小儿子叫彼得·巴菲特，是艾美奖得主。他没选择华尔街，而是选择了喜欢的音乐作为事业，同样相当成功。

香港《南华早报》注意到一个现象，一些富有的中国人正在抛弃消费主义，回归简单生活。文章说近年来有钱的中国人购买力强劲，但一些城市中产阶层正在开始追求简约的生活方式，思考生活的本质是什么。

繁华过后见真纯，"简约"而不简单。

有多少"透支"可以重来

> 是时候看破商家制造的物欲幻象,轻装前行了。

一位老兄参与一场疯狂购物之后,后悔了,说:"坑死人了,我为什么要买这么多可有可无的东西浪费钱?"看他的购物清单,我笑了,分明有一把菜刀。是的,这群不理智的购物群体也被称为"剁手党"。

现在我们来分析一下,这些疯狂购物背后到底是一种什么心理?在我看来,主要有四种心理:实用性心理、冲动性心理、炫耀性心理、补偿性心理。

其一,实用性心理。

属于满足刚需的购买,这是最理性的消费。平时看好了某样东西,在打折的时候购买。但有些人,为了买一个便宜的东西,本为节省下几十块钱,结果又看到其他东西很实惠,也买了。可有可无、可用可不用的消费,实则是浪费。

其二,冲动性心理。

商家特别善于营造情境,引发消费者冲动消费。有些商家的广告制造几十个娱乐欢快的场景,刺激消费者的自制力释放。很多人一激动就买了,结果买得越快越后悔,买得越多越后悔。所以说,冲动是魔鬼啊。

其三，炫耀性心理。

这常表现在对于奢侈品的购买上。购买者觉得买了这个东西之后可以抬高身价，获得更多谈资，增加优越感。有人为买一个LV包，吃三个月泡面，这不是死要面子活受罪吗？

其四，补偿性心理。

很多人通过购买，以这种物质的满足来获取心理上的安全感。老年人爱买保健品，总上当，别人都买，我也买。他买的不是保健品，实则是安全感。有人也把这种心理称作"穷人心理"，总觉得缺点什么。这个心理有点类似于另一个现象，即在物质贫乏环境出生的孩子，长大后更容易出现肥胖。

这样的消费心理很容易造成透支消费。不仅是财务透支，还可能涉及声誉和信任。

有一次，星云大师来到美国。同行的人看到美国东西便宜，疯狂采购。有人问大师不想买一点什么吗？星云大师说，我什么也不缺，就不买了。

这句话大有深意。这世界看似物质极大丰富，但很不幸，东西再多，也赶不上内心物欲的增长。不是东西拥有得太少，而是生命的匮乏感太强。因此，我要再次提倡极简生活，东西不是越便宜越好，物品不是越多越好。少就是多，正是富足状态、品质生活的要义所在。是时候看破商家制造的物欲幻象，轻装前行了。

极简，最合乎经济之道

> 极简三原则：第一，如无需要，不增实体；第二，控制源头，少买为上；第三，少就是多，品质为贵。

"在物质如此丰富的社会，除了看到繁花似锦，你真正看懂自己的内心了吗？除了每天买买买，你停下来整理自己的衣橱了吗？""9天极简行动"发起人之一吴静这样说。

《老马价值观》推出的"九天极简行动"，上百人参与。有人说，参加"极简"之后，心情大好；有人说，感觉大脑清醒了不少；还有人说，心理负担少了，幸福指数都提高了。

为什么推出这次行动呢？广州有位李先生，9年前他的信用卡透支了9元，如今要还9000元。我当时感慨，银行卡太多会给人造成不必要的损失。于是，我们策划了这次活动。

我们的小目标很简单，就是每天清理掉一件物品，晒图为证。结果，几百人行动起来，开始"疯狂地"扔东西，什么东西都扔：书、衣服、鞋子、食品、药品、电子产品、电池、电线，包括手机、电脑，甚至废旧的房屋……

事实上，极简不只是扔东西，绝非一扔了事，他（她）们在做断舍离。断，不买不需要的东西；舍，舍掉没用的东西；离，放下对物质的迷恋。

看看他们的意外收获吧：有人要扔掉一件裙子，灵机一动，改造成沙发罩了。就是说，一条即将被打入冷宫的花裙子，重新上位，变废为宝；有人在清理物品时，发现崭新的百元话费充值卡；还有人找到了长期找不到的墨镜，这极简行动，可就变成寻宝行动了。资源放错了地方，就等于是垃圾；垃圾放对了地方，就变成了资源。

还值得一提的，有人走出家门，对整个小区也来个大清扫。别人是"一屋不扫何以扫天下"，她这是扫了自家小屋还要扫天下。不能不为她点赞！

事实上，极简理念在东西方早有共识。爱因斯坦说："凡事力求简单，直至不能再简。"中国古人则说："大道至简。"

西方有个推行极简生活的人，名叫约书亚·贝克尔。他反思说："过于追求物质，我不但没有得到幸福，反而失去了真正的幸福。"于是，他丢掉了家中90%的物品，最后，他生活里只剩288件物品。这么极简之后，反而过上了轻松自在的幸福生活。

极简，不仅是一种生活方式、生活态度、文化信仰，在我看来，还是一个不折不扣的经济问题。从经济学的角度看，极简最合乎经济之道。极简，省钱，省成本，省时间，省精力。

说到成本，我们通常只计算一件物品的购买成本，却忽略了其他成本，保有成本、机会成本等，东西越多，成本越高。

首先是保有成本。比如，商家货物太多，需要租赁库房。我们的衣物太多，需要购买大点的衣橱；如果东西实在太多，甚至需要换一处大房子。这都是保有成本。

其次是机会成本。事实上，所有成本都是机会成本。当你做一个选择时，你没有选择的东西就是"机会成本"。你多买了一个包，就少了一次旅行；你买了一辆车，就少了这笔钱去投资。

尤其是，当我们买了一件可有可无的物品，这个成本是非常高昂的。可以说，"鸡肋"最贵。

正好，听众"爱美食"说到公司的"5S管理"理念。她说"5S

管理的精髓，用到生活中就是极简主义"。

没错，所谓5S管理，整理、整顿、清扫、清洁和素养，关键点就是区分必需品和非必需品，要求能在30秒内找到要找的东西，将寻找必需品的时间减少为零。如果说物质极简可以省钱、省时间，工作上的极简，就是生产力。

对此，老马提出极简三原则：

第一，如无需要，不增实体；

第二，控制源头，少买为上；

第三，少就是多，品质为贵。

少就是多，这个理念尤其重要。有品质的少，强于没品质的多。老马期望，大家都能喜欢上这样一种极简的理念、富足的状态和高品质的生活，在极简生活中实现自我成长。

贵与不贵

> 稻草卖出了螃蟹价,是否有以次充好的嫌疑呢?

通常,我们怎么判断一件东西是不是天价呢?

台湾有位名士蔡澜先生,他去买文玩物件的时候,有一个心理价位,就是跟自己的月薪比,如果这东西比月薪多,那就算贵,如果比月薪少,就算便宜。

正好,最近听一位女士算了一笔账:便宜东西,你根本用不上或者用得少,那这东西就叫贵;昂贵物品,你经常用得着,那就叫便宜。比如一件衣服,价格便宜,看着也不错,你买了,但你穿出去的频次比较少,它的相对价格就比较高;昂贵衣服,你一狠心一跺脚买回来,穿出去的频次可能比较高,它的相对价格就变低了。

这位女士感慨,可惜年轻的时候不懂得这个道理,买了一大堆自以为很合算的东西回来,徒然占据了很大空间,成了鸡肋。

很多爱逛淘宝的朋友看到这儿,一定会心一笑吧。做了这么多年"剁手党",你买了多少不该买的东西呢?

梁文道先生认为,东西贵与不贵,也不是最重要的,关键要看你穿它、用它的态度。他把价值和价格的辩证关系引向了另一个层面。

梁文道先生在一篇《奢华与教养》的文章中，提到19世纪英国绅士之间的通信，有关绅士的品位，他们是这么说的："×××的家朴实无华，真是难得的好品位。""他是那种老派的绅士，一件大衣穿了20年。""以一双手工制作的顶级皮鞋来说吧，它是很贵，但它可以穿上一二十年，这里头的学问不只是它自身的质量，更是你穿它、用它的态度。"

在现实生活中，价值与价格背离的现象比比皆是。鲁迅在《藤野先生》一文中说："大概是物以稀为贵罢。北京的白菜运往浙江，便用红头绳系住菜根，倒挂在水果店头，尊为'胶菜'；福建野生着的芦荟，一到北京就请进温室，且美其名曰'龙舌兰'。"

你看，同样的东西，摆到不同的地方，身价迥异。我们在生活中也有经验。同样的皮鞋，在专卖店购买，两三百不多；如果在地摊上扫货，四五十嫌贵。一碗清汤面，在路边小店十块八块差不多了，在五星级酒店百八十元也属正常。

最近看微信圈转载"稻草定律"，也值得商榷。"稻草定律"说，路边的一根稻草如果没人搭理，它永远是一根稻草。有个卖白菜的人发现了这根稻草，用它捆绑了白菜，于是，这根稻草的身价就与白菜一样了，如果有个卖螃蟹的人发现了它，拿去捆绑螃蟹，这根稻草就与螃蟹一样的身价了。可是，我要问的是，稻草卖出了螃蟹价，是否有以次充好的嫌疑呢？

这让我想到一则关于晏子车夫的故事。晏子是齐国的国相，给国相赶车自然也很自豪吧。一次外出，车夫的妻子从门缝中偷看，她的丈夫趾高气扬，头顶着巨大的华盖，鞭打着四匹马，十分得意。车夫回到家，她妻子说要离家而去，不过了：离婚。

车夫问及原因。妻子说："你看晏子，身高不到六尺，做齐国的国相，扬名诸侯。今天我看他外出，志虑深沉，面无喜色。而你身高八尺，给人做车夫，却趾高气扬，我因此要求离去。"

从那以后，车夫一改常态。晏子感到奇怪，就问他，最近你怎么这么低调了呢？车夫照实回答，让媳妇给管教了，如此这般。孺子可教啊！晏子于是举荐他做了大夫。

这个故事告诉我们，娶个好媳妇非常重要，她能让你从"车夫"变成"大夫"，相当于稻草变成了螃蟹。这事还告诉我们，知人者智，自知者明。

中产阶层如何放轻松

> 真正的放松是心灵的安宁。

家庭年收入近30万元,在北、上、广是什么水平?

《社会蓝皮书:2017年中国社会形势分析与预测》说,从家庭总收入来看,居住在上海的新社会阶层的收入达到369131元,为三地最高;北京次之,为259978元;广州第三,为201772元。

按说,这个收入应该活得很滋润,可很多人却认为,自己并不属于"中产阶层",而且叫苦不迭,说自己压力很大。我们不妨看看,中产阶层如何放轻松?

首先,要承认,不管哪行都不容易,都有压力。通常,收入和压力成正比,高收入的职位往往对应重要的职责,承受更大的压力。钱多事少离家近,这样的工作不好找;位高权重责任轻,这样的位置不该有。

那么,压力到底从何而来?相关调查显示,人们在经济方面的压力感普遍大于家庭和人际关系方面的压力感,物价、收入、子女教育、医疗、健康、交通是主要的生活压力源。此外,与女性相比,男性普遍有更强的生活压力感。也就是说,男人更难啊。

所以,也难怪这批人并不认可自己是"中产阶层",30多万元的家庭收入,如果是夫妻二人一起赚钱的话,一人月收入也就1万多元。这收入水平、资产总量和消费水平差强人意。假如这都算中产，还有什么可灿烂？

尤其值得一提的是，这种压力，直接关系我们的幸福感。

不久前发布的2016年度"中国最具幸福感城市"榜单显示，每月收入1.2万～1.5万元的人，幸福感是最高的，而月收入9000～1.2万元的人群心理健康指数最高。

调查结果显示，不是说钱越多越幸福，但也不能说钱越少越幸福，这中间有个平衡点。随着个人月收入的增高，居民幸福感先升高后降低。这么一看，中产阶层想要放轻松，貌似是个太大的难题。

现在，我提出一个解决方案，姑且叫"加减乘除放松法"。

第一条，做加法放松。

首先要学会理财，学会打理自己的生活。学会理财，钱生钱，是加法；打理好自己的生活，不浪费，也是加法。

同是月入1万元钱的两个人，生活品质可能完全不同。告别糊涂账，生活在秩序当中，你会减少焦虑感。

第二条，做减法放松。

生命的负担会越来越重，我们应该有意识地做减法，不要揽太多的活在肩上。做减法意味着，我们专注做一件事儿，做深做透，做成专家，这会减轻我们的压力，却并不意味着收入变少。

第三条，做乘法放松。

很多人的收入主要通过体力劳动得来。那就应该考虑怎么充电，充实自己，提高技能。多运用知识技能创造财富，这样，也能缓解我们身体的过度疲劳。

第四条，做除法放松。

用幸福公式来看，幸福＝财富÷欲望。钱多欲望多，并不幸福；钱多欲望少，才会更幸福。为什么贫穷的不丹人幸福指数那么高？为什么很多印度的穷人经常喜笑颜开？原因之一就是物质的欲望不那么强烈。

最后，我多说一句，身累不要紧，就怕心累。所以在考虑减轻压力的时候，我们更应该变压力为动力。方法也简单，一要有信心，二要有追求。

我们要有信心创造更美好的生活。工作是为了什么？有人说，是为了媳妇的迪奥，为了我的奥迪，为了孩子的奥利奥。好吧，这也算有追求。

但是，物质追求有了，精神追求更不可缺少。仰望星空的时间还是要有的，真正的放松是心灵的安宁。

化解中产焦虑，送你三碗鸡汤

"钱多不是幸福的保证，钱多少跟幸福没关系。"（张朝阳）

经济学人智库发布的报告显示，中国将在2030年前迈入中等收入国家的行列，3/4的中国人将成为中产，这让"中产阶层"再度成为焦点。有专家预计，到2020年，我国中产阶层有望达4亿人。

可是，时下人们议论最多的却是，中产是目前全球最焦虑的人群。焦虑什么呢？我总结了一下：

一、焦虑财富，钱不够花；

二、焦虑没自由时间可支配；

三、焦虑未来，失去掌控感。

这种焦虑有一定的合理性，家庭年收入在8万到30万人民币之间的群体被认为是中产阶层，可是，跟物价比，跟税负比，跟买房、子女教育、医疗和养老这些高昂开销比，这点钱似乎不足以实现"高质量的生活"，甚至可能显得窘迫。

但我们知道，这种焦虑不单纯是经济压力，也来自于认识偏差。我想送你三碗鸡汤化解焦虑。

第一碗鸡汤：当你焦虑钱不够花时，请相信比上不足比下有余。缺钱，这几乎是大多数人共有的状态。

还请相信，高质量的生活，并非用钱就能买到。世界上很多珍贵的东西，钱买不来，比如身心健康。

2013年，搜狐董事局主席张朝阳首次披露内心的精神危机："我这么有钱，却这么痛苦。"在他看来，早年成功之后不断被媒体和周围人追捧，导致自我管理出现了问题。

后来他又说："以前我曾经认为，越有钱，越有名气，就越幸福。但是经过这两年的闭关，我认为钱多不是幸福的保证，钱多少跟幸福没关系。"

这个事例告诉我们，人应该有更高的追求，而不仅仅是关注钱多钱少。

第二碗鸡汤：当你焦虑没自由时间可支配，你应该想想，我们工作的目的是什么。

拼命工作到底是为了什么？如果是为了孩子，何不抽出时间陪陪孩子？如果是为了享受生活，为什么不停下来，去阳台上看看月亮？

顺便说一句，美国科学家有一项研究发现，睡得饱赚钱多。每周多睡1小时，工资上涨5%，原因是，睡得好的人工作效率更高。原来，我们的很多忙碌都是无效的啊！

第三碗鸡汤：当你焦虑未来，担心失去掌控感时，你要知道，世界上很多事情不是我们可以掌控的，我们只掌控自己能掌控的部分就足够了。生活是一项长线投资，若想秋天收获，只要在春天播种就是了。但行好事，莫问前程。

不光"国强",更要"民富"

> 历史的经验表明,国强不等于民富,而民富则国家必强。

中国经济 2016 年的成绩单怎样?李克强总理在政府工作报告中给出答案:"2016 年国内生产总值达到 74.4 万亿元,增长 6.7%,名列世界前茅,对全球经济增长的贡献率超过 30%。"

该怎么解读这一成绩单?这是一份亮眼的成绩单,从发展速度上看,中国这个 6.7% 居世界第一,一骑绝尘;从对世界经济发展的贡献率看,中国也是 No.1,无出其右。

这一成绩来之不易,用联合国贸易和发展会议经济事务官梁国勇的话说,中国经济经历了前所未有的"压力测试",不仅守住了各方面的风险底线,稳定性、灵活性和韧性也得到了有效提升。

这一成绩,也意义深远。世界银行前高级副行长兼首席经济学家林毅夫早就指出,自 2008 年以来,中国每年对世界经济发展的贡献率均超过 30%,是世界经济增长的重要动力来源。

这意味着什么?中国连续八年成为世界经济的第一动力,我们用一份实实在在的成绩单回应了中国经济"悲观论"。

不过,面对中国经济的成绩单,我们要保持清醒。我们不仅要讲求速度,更要注重质量。

正如很多两会代表委员所说,在民生领域,养老、医疗、教育等诸多方面改革已经覆盖,但是老百姓对高质量生活的追求也在不断提高。

面对成绩单,我们不仅要看到宏观数据上的大趋势,可以谨慎乐观,也要看到传导到微观层面的百姓获得感,民生民意大如天。

国家发展,老百姓到底得到多少实惠,这才是最重要的。正像李克强总理所说:"在住房、教育、医疗、养老、食品药品安全、收入分配等方面,人民群众还有不少不满意的地方……我们一定要直面挑战,敢于担当,全力以赴做好政府工作。"

去年,李克强在听取专家学者和企业界人士对《政府工作报告(征求意见稿)》的意见建议时,这样说:"中国还是一个发展中国家,区域发展很不平衡,内部差距也比较大。因而必须确保就业增加、收入增长。不光要'国强',更要'民富'!"

"民富国强"一说,见于《吴越春秋·勾践归国外传》:"越主内实府库,垦其田畴,民富国强,众安道泰。"说的是百姓家底厚实,国家自然强大,而且人心归附,社会和谐。

"民富国强"相较"国富民强",是一大飞跃。历史的经验表明,国强不等于民富,而民富则国家必强。

谁"绑架"了房地产，又被房地产"绑架"

> 房地产业再高大，也有不能承受之重，无法承载地方财政的开支用度，无法承载中国经济的未来，更无法承载老百姓的所有财富梦想。

在中国房地产市场，有一个怪现状，有人在绑架房地产。此话怎讲？

先从一个调查说起，调查显示，近八成网友认为，北京房价过高，不能接受，高房价已经成为大多数买房者生命中不能承受之重，可以勉强接受的仅占17%。

有的人盼望着房价降下来，但也有人希望房价涨上去。在合肥，春节期间传出楼市暴跌的消息，部分二手房价格下降了10%到15%，很多房主坐不住了，进行抗议，要求政府救市。

觉得房价太高的人，通常是真正刚需，自己手里没房，或者想改善住房却很吃力；呼吁政府救市的人，通常是手里有房的人，高位时买进，还打算"倒手转卖"赚差价，房价跌得太狠，受不了。

可是，在2016年全国房价中，合肥领涨，全年二手住宅价格上涨52.6%。如今，高位盘整，甚至下行，实属正常现象。那些高位接盘侠心里叫苦，可以理解；但呼唤政府救市，则不理性。

很明显，房价能升能降，这才符合市场规律，房价一降就要求救市，这不是在绑架楼市吗？

说到绑架楼市，所有的利益相关方都脱不了干系。

一位北京开发商在接受媒体采访时说了一句话，开发商想降房价，但是自己说了不算数，各利益相关方都不允许这么干，有时甚至会遭到地方政府的反对。

这并不算什么猛料，王石就亲口说过，2008年，南京市物价局给万科开了4000万元罚款单，为什么？因为万科降价卖房。

那么，这个利益相关方很清晰了，有谁呢？有地方政府，有开发商，有炒房的人，还有真正的需求方，至少有这么四方。这四个利益相关方，属地方政府胳膊最粗、力气最大。

我们一直说房地产房地产，其实这房产的价格主要受土地价格影响，正如面包价格主要取决于面粉成本。这个土地资源掌握在地方政府手里，或涨或降，政府说了算。

当下的土地财政、房地产依赖问题怎么去除？

据统计，在30个典型城市GDP对地产投资依赖度排名中，三亚房地产投资额占GDP比重高达86.21%，其后分别是海口、郑州、西安、贵阳、珠海、福州、杭州、惠州、成都、合肥、重庆、武汉、厦门，该比值都超过20%。

这么玩儿下去，后果是什么？城市的产业结构是畸形的，没有发展后劲，那么多经过开发却又空置的"鬼城"就是明证。

于是，更大的怪现状产生了，有人在绑架房地产，反过来，也有人被房地产绑架。

被绑架的土地财政，会直接导致中国地方政府债务大增；

被绑架的中国经济，则会透支未来经济发展空间；

至于被绑架的普通老百姓，会增加家庭负担，降低幸福指数。

西南财经大学中国家庭金融调查与研究中心报告显示，2015年我国家庭资产均值为87.6万元，住房资产占家庭总资产的70.1%，为58.6万元。住房资产占家庭总资产比重最高，也意味着购房成本是家庭的最主要支出。

事实上，房地产业再高大，也有不能承受之重，无法承载地方财政的开支用度，无法承载中国经济的未来，更无法承载老百姓的所有财富梦想。

须知，房价不可能无限制上涨，再多的利益博弈，再多的幕后推手，最终还是供求关系起作用，再强劲的增长总有天花板，更何况强弩之末。

房地产太累了，也该歇歇了。

"工薪税"的帽子怎么摘?

> 涉税信息的共享、配套设施的完善、征管能力的提升不是朝夕之间即能完成,那是不是说,个税改革还要等到猴年马月?

个税调整为何那么难?"工薪税"的帽子怎么摘?

全国人大代表杨建忠提出,个税起征点应该最低10000～12000元,让中等收入以下的人不需纳税。因为3500元的征税起征点加重了个人负担,和现实生活消费严重不符。

全国人大代表董明珠也建议,工薪阶层的纳税底薪应该再进一步提高,年薪10万元以内的人可以不交税,而有钱人就该多缴税。

那么,主管财政的官员怎么看?财政部部长肖捷回应,将综合测算个税免征额,该提高就提高。

肖捷说:"我也可以明确告诉大家,在研究制定改革方案的时候,我们将根据居民消费水平等因素进行综合测算,确定是否提高免征额,该提高就提高,需要提高多少就提高多少。"

肖捷部长这个"该提高就提高"的提法很重要。个税起征点在2011年由2000元调整到3500元,至今快6年了,6年来都纹丝不动,是不是到了"该提高"的节点了呢?

个税调整是个老大难。肖捷特意提到,从国际经验来看,实行综合与分类相结合的个人所得税制度,增加税前扣除的一些专项项目,需要相对成熟的社会配套条件。比如对税收征管部门来说,需要掌握与纳税人收入相关的涉税信息,以保证新的个人所得税制度改革能够顺利实施。

这是不是实情呢?的确是。涉税信息的共享、配套设施的完善、征管能力的提升不是朝夕之间即能完成,那是不是说,个税改革还要等到猴年马月?现实的紧迫性和公众的迫切期待并不允许。

很长一段时间以来,个税被称为"工薪所得税",这是因为工薪阶层尤其是专业技术人员收入来源单一、税收由单位代扣代缴而成为个人所得税收入的主力,这个占比已升至70%左右。对此,公众迫切要求改变,呼声很高。

这就涉及"该提高就提高"的要义之一,现实虽然复杂,我们更要强调时间的紧迫性。

道理很简单,迟到的公平不是公平。个税改革,在错综复杂的利益当中进行取舍,我们应该在最短的时间内,追求利益诉求的最大公约数,去除公众痛点。

那么,不妨就探讨一下这个"工薪税"的帽子怎么摘。

现在看来,至少有三种办法:

第一,综合与分类税制;

第二,提高个税起征点;

第三,降低最高边际税率。

降低最高边际税率,这是全国人大代表、全国人大财经委副主任黄奇帆提出的,他认为,将个人所得税最高边际税率从45%降到25%。最大的优势在于不会增加社会成本,不会损及个体利益,阻力小、易操作,既能够"扬汤止沸",也有助于"釜底抽薪",一举两得。

比较一下,第一个办法是大趋势,但费时长、牵涉广;后两个办法则简便易行,可以成为综合与分类税制的改革突破口。这其实是"该提高就提高"的要义之二,懂得变通,分步实施也未尝不可。

"该提高就提高"的要义之三,以实际利好来回应个税争议背后的民意期待,切实减轻工薪阶层的税收负担。

为"工薪税"摘帽,在我看来至少有四个好处:

其一,有利于提高工薪阶层的生活水平;

其二,有利于居民消费,拉动内需;

其三,有利于吸引和集聚高素质人才;

其四,有利于缩小贫富差距,促进社会和谐。

如此利好之事,不也符合李克强总理所提倡的"不光国强更要民富"的主张吗?

沈万三家族的没落起因于"炫富"吗

"身后有余忘缩手,眼前无路想回头。"
这应该也值得今天的富豪们深自警醒吧。

沈万三何许人也?乃元末明初的中国首富。他的财产有多少?据说换算之后,相当于今天的1500~2000亿美元。

他的钱是怎么赚来的?一种说法是"垦殖"说,祖上就是种田的,小有田产,经营有方,成为农民企业家也是顺理成章的事;第二种是"赠予"说,岳父家比较富有,一看小伙子极具经商头脑,这产业就交由你打理吧;第三种是"通藩"说,做国际贸易。

综合结论是:沈万三的发家致富是以垦殖为根本,接受过别人的赠予作为资金补充,最终做进出口生意,做大了规模。

今天我要探讨的是,这样一个富可敌国的大富豪是怎么没落的?最通行的版本说,沈万三先出钱帮国家修城墙,修得又快又好。一高兴,就跟皇帝朱元璋说,我犒赏一下军队吧。

朱元璋说,我有百万军队,你犒赏得起吗?

沈万三说,一人一两银子我还是出得起的。

这就犯了皇帝的忌讳。国家军队岂是你个草民能犒赏的,这不是造反吗?杀头。幸亏马皇后劝谏,才饶过一死,发配云南。劳军不行,给你发配充军。

如果这个说法成立，这沈万三引来的灾祸，实在是起因于得瑟"炫富"啊。

那么，马皇后是怎么劝谏朱元璋不杀沈万三的呢？《明史·马皇后传》记载，马皇后说："民富敌国，民自不祥，不祥之民，天将灾之。陛下何诛为？"意思是说，你别杀他，老百姓富可敌国，这是他的不祥之兆，老天自会降灾祸给他。

沈万三因富致祸的故事流传非常广，但是很遗憾，这个说法可能不成立，别看明史记载得言之凿凿。更可信的考证是，沈万三这个人生于元朝，死于元末，压根儿没跟朱元璋照过面。那些故事，有鼻子有眼睛，也不过是有人故意编派朱元璋而已，无非是说朱元璋多么心狠手辣。

但是，这句"民富敌国，民自不祥"的话却值得我们仔细思量。怎么老百姓的财富特别多，就"不祥"了呢？

沈万三家族财富太多，的确不祥。沈万三后裔因为牵涉进"蓝玉谋反案"，被满门抄斩，家破人亡。"贫富周期律"在他的家族体现得未免太快了一些。沈家出身低微，到沈万三手里，由贫而富，如日中天，但不过几代人的光景就没落了，可以说，其兴也勃焉，其亡也忽焉。

不祥出在哪里？难道是树大招风吗？我看富贵生骄，生活奢华无度也是一大原因。

从现有的资料看，沈氏后代染上了富家子弟通常惯有的坏习气。沈万三发迹后，讲气派，喜排场，生活奢华挥霍。他常常在自己豪华的家里宴请达官贵人，除了山珍海味外，还拥有三班女乐。夜夜笙歌，观看的人们济济一堂，一个晚上要吃掉十瓮酒和三十盘红烧蹄髈。

有见过大场面的官员，接受宴请之后，也震惊于沈家的奢侈，连连感叹："今观沈氏之富，岂止一钗七十万而已哉！其受祸宜也！"连外人都看出来了，这么干大祸不远了。

还在沈万三处于事业巅峰时，他的弟弟沈贵（万四）就已看到危机，曾写诗劝他说："锦衣玉食非为福，檀板金樽亦可休。何事百年长久计，瓦罐载酒木棉花。"咱低调做人行不行？

沈万三经商是个天才，但却不知道"弓满则断，月满则亏"的道理。以前我们说过陶朱公，三次散掉自己的财富，最终全身而退，留下千古美名。而沈万三只知道聚财，却不懂得财富的"以散为聚"，人生的"以退为进"。"民富敌国，民自不祥"竟一语成谶。"身后有余忘缩手，眼前无路想回头。"这应该也值得今天的富豪们深自警醒吧。

顺便说一下，《世说新语》记载：历史上，最爱炫富的是西晋的富豪石崇，他炫富对象是另一个富豪王恺。王恺何许人也？是晋武帝的舅舅。两人为首富争得不亦乐乎。

有一次，王恺从皇帝那里借来一株两尺多高的珊瑚树，显摆。"你看，我有这宝贝。"石崇拎起铁如意就把珊瑚树打散了架。王恺大惊，石崇却笑着说："赔你就是。"当即派人回家搬来几十株珊瑚树，这些珊瑚树都三四尺高。王恺自愧不如。

这石崇一生夸夸其谈，热衷炫耀，晚年却被定为乱党，东市问斩，诛灭三族，不得善终。炫富有什么好处呢？到底是幼稚可笑之举。

［第五辑］

吹落黄沙始见金

观企业价值

低调做人,高调做事

> 如果一向低调的人高调起来,老实人忽然发飙,那肯定发生了非常之事,或者到了危及存亡之秋。

娃哈哈掌门人宗庆后意外成为网红。

他乘坐高铁出行被认出,同车乘客将抓拍的相片上传到网络。在高铁二等车厢里,宗庆后不仅正常接受乘务员检票,还与同车厢的小孩逗乐。还有人曝出,他一年消费额也就5万元钱左右。这一消息后来也获得证实。

作为中国著名企业家,宗庆后简朴的生活作风受到网友好评。此事自然让人联想到不久以前华为创始人任正非在寒风中排队打车的场景。这种低调行为,富而不骄,确实是一种美德。

不过,我发现同样是宗庆后,也有高调的一面。他对税负猛开高射炮:"如果政府没有钱,就向企业收税,如果企业被榨干死掉了,还能向谁收呢?"

他还说:"干得很辛苦,利润率很低,很多人不愿意干实体经济。我们今年的费跟去年的费相比没有任何下降,有的费还增加了。"

他大声呼吁,实体经济对国家贡献很大,现在应该休养生息一段时间,要少收点税,取消点费。

无独有偶，一向行事低调的任正非也曾站出来炮轰中国尤其是深圳的高房价。任正非表示，高土地价格，高房价，已经导致生产要素成本急剧上升，必然导致中国企业的竞争力下降。

规律出来了，这些人做人低调，做事高调。而这一点，恰恰是很多实业家所共有的特征。这样一种生存之道，该怎么解读呢？

现在，我来分析一下这些实业家做人低调、做事高调的背后玄机。要说做人低调，就宗庆后或者任正非而言，很可能和生活经历有关系。他们都是白手起家，一点点打拼，深知生活艰难，诸事不易，所以低调为人、简朴作风已经成为他们的习惯，要改变习惯反而让他们难受。

我曾经说到洛克菲勒。洛克菲勒是19世纪美国三大富豪之一，一生都非常节俭。他出门常住同一个旅馆，每次都挑选最便宜的房间住。旅馆的经理问他："先生，为什么你每次都住最便宜的房间，而你的儿子每次来这里总是住最豪华的套房？"

洛克菲勒回答："因为他有一个有钱的爸爸，而我没有。"

有关专家在分析洛克菲勒的创富之道时发现，他的成功绝非偶然，厉行节俭、精打细算是他取得巨大成功的主要原因。这样的创富之道，同样适用于宗庆后、任正非这一辈企业家。

然后再说做事高调。就事论事而言，中国制造业的生产成本是不是很高？的确很高。高土地价格、高房价是不争的事实。

税费负担也着实不轻，宏观税负20年来增长了两倍，我国企业总税率多年超过68%。有人说这是"死亡税率"，并非危言耸听，已是实体经济无法承受之重，很多中小企业为此关门倒闭。

福耀玻璃集团创始人曹德旺直言，我们的税负太高，成本太高。他说："这不是我在抱怨，也不是我要跑。我只是为了提醒大家要有危机感。"

没错，居安思危，更何况已经身在危机当中呢？如果一向低调的人高调起来，老实人忽然发飙，那肯定是发生了非常之事，或者到了危及存亡之秋。为了公司前途,不能不大声疾呼,为之奔走了。

老马以为,这些实业家的低调做人和高调做事是一脉相承的,都是务实的表现,但其人格戏剧冲突所折射出的中国制造生存困境,却必须引起高度关注。这是真问题,需要真改革来回应。

告别代工，需颠覆式创新

> 中国制造想告别代工，要勇于自我革命。

央视《对话》节目披露了一个数据，在极端情况下，同样一款智能马桶，国产品牌卖 4000 元，但如果贴上了日本、韩国、法国等大品牌的商标，能卖到 16000 元甚至更高。

问题主要出在哪里？根据广东省佛山市发布的全国第一个中外智能马桶盖实物质量和标准对比报告，中外差距主要体现在马桶盖各部分结构设计和制造技术、关键零部件研发技术上。其中，中国的智能马桶盖很多关键零部件来自日韩或欧美。

这不单是智能马桶的尴尬，也是中国制造的尴尬。我国多数出口产品是贴牌生产。代工对于很多中国企业，是极大的诱惑，可是我要说，岂能把自己的前途系在别人的鞋带上呢？如此下去，自主品牌将没有出头之日。

中国是世界工厂，国际品牌等于中国制造加上人家的专利技术和品牌。告别"代工"，打造自主品牌之路，需要提上日程。

打造自主品牌之路，最重要的，要有自我革命的勇气。有一个很典型的企业案例，就是海尔。海尔集团首席执行官张瑞敏在公开演讲中多次强调，要真正做好品牌，不给外国产品做代工。虽然舍弃掉一些利润，但这样做还是值得的。

你看，海尔坚持不做代工，不是走得很好吗？事实上，今天的海尔让很多人不能相信。我去海尔集团参观，那种自我颠覆式的创新让人印象深刻，这还是当年的海尔吗？

一家传统制造家电产品的企业转型为互联网企业，面向全社会做孵化创客的平台。几万名海尔员工则变成几万名创客，或者创客的管理者。这个转型哪里是自我革命，简直是自我颠覆。

这个模式叫"人单合一"，简单来说，就是把员工和用户直接连到一起。十多年前，张瑞敏提出这个概念，很多人不看好。到今天，全世界算下来，也只此一家。

那么，"人单合一"是一个成功的商业模式呢，还是有待观察？当我把这个问题抛给美国宾夕法尼亚大学沃顿商学院的马歇尔·梅耶教授时，他说："这个问题非常有挑战性。海尔最初推出这个模式的时候，我跟张瑞敏说，肯定行不通。可是张愿意承担风险，一直在试错，最后一步一步地做成。现在这个模式已经进化多了。"

马歇尔长期关注海尔，他认为，这是非常有勇气的事情，也是海尔文化的一部分。他判断，全世界范围内，未来家电领域将会出现三个巨头，惠而浦、海尔、伊莱克斯。海尔在今天的世界500强企业中排在第76位，未来排名一定更高。

这位海外专家的评价可以侧面证明，张瑞敏在自我革命时，一定遇到了很多阻力。好在企业的业绩和活力给出了最好的答案。

回头来看，海尔的自主品牌之路是漫长的旅程。2016年，海尔全球营业额达到2016亿元，谁会想到1984年海尔还资不抵债呢？

如果说当年（1985年）的砸冰箱，砸出国家质量金奖；不代工，打造出一个响当当的自主品牌；那么，今天的"人单合一"，在后电商时代下，要引领物联网创新交互之先，则是更彻底的挑战自我。

这样的自我革命，我还看到了不少。中国陶瓷业现在也有企业开始有意识地拒绝贴牌，走自主品牌之路。近期央视《对话》节目中，某企业家也说，自己经历过代工的阶段，深知那种痛苦。所以，他写下四个字："涅槃重生"。

作为这期《对话》的新闻观察员，我也心生感慨：没有这种凤凰浴火重生的决心、自我颠覆的勇气，我们的自主品牌之路，就走得还不算坚决彻底。

借用张瑞敏的话结尾："不能停留在原来的经典上，要创新；'人言不足恤'，一定要认真干，人肯定会说三道四。河水可能会经过千山万壑，但最终一定会奔向大海。"

真假之辩和虚实之争

> 当下的实体经济和互联网经济,正处于此消彼长和取长补短的阶段。有时剑拔弩张,相互仇视;有时却也可以称兄道弟,坐下来喝茶,相互欣赏。

我们说,真理越辩越明,关于网络经济和实体经济,一场真假之辩和虚实之争格外吸引眼球。

这不,阿里巴巴再度因假货问题被炮轰。全国人大代表黄建平在向外界提供的一份议案资料中称,在淘宝网上搜索马可波罗瓷砖相关产品,在能找到的近500家店铺中有授权的只有两家。同时他表示,类似淘宝假货等虚拟经济问题已给实体品牌企业带来巨大麻烦。

对此,阿里方面强势回应,打击假货是平台的责任,但也需要品牌方携手共进;同时,阿里是100%实体经济,拖累实体经济的"锅"阿里不背。

对这个"锅"怎么判定?不难。听听国家工商总局局长张茅的说法:网购非法外之地,网购平台要负第一责任。这恐怕是对淘宝假货的最权威官方认定。既然淘宝自己也承认"打击假货是平台的责任",那先把自己的第一责任负好,再谈实体经济不迟。

因为假货归假货,实体归实体。这是两个问题。真假之争有定论,不存在背锅不背锅,无须顾左右而言他;虚实之争可以开放探讨，见仁见智，只是不要互相伤害。

现在，不妨说说虚实之争。

眼下各界都在大力呼吁"脱虚向实"，振兴实业。"死亡税率"之争、宗庆后"唯新技术有用论"、董明珠"90后开网店国家隐患论"，都是这场争论的议题。

今年两会，虚实之争更加激烈。娃哈哈创始人宗庆后防守反击："我没有把实体经济和互联网对立起来，但有的电商促销，花1块钱把你的产品买来，贴8毛钱卖出去，把这个市场全部占领后，再抬价形成新的垄断，这种打破实体经济价格体系的做法，不仅伤害实体经济，也不利于国民经济发展。"

全国政协委员、中国石化原董事长傅成玉刨根问底：

"现在实体经济发展困难，钱都跑到哪里去了？好像金融行业最赚钱，所有的钱都跑到金融业了吧。现在哪个大企业不涉足金融业？"

傅成玉还说："我发现70%的上市公司，利润主要不是来自主业，现在要谨防中国经济走上产业空心化的道路。如果金融离开实体企业自己玩儿，防风险的压力会更大。"

那么，实体经济和互联网经济到底是什么关系呢？

老马认为，可分三个阶段：第一个阶段，你吃我，我吃你，是此消彼长的关系；第二阶段，我加你，你加我，是取长补短的关系。

过去五年，中国实体经济遭遇了寒冬，中小企业哀鸿一片，而互联网经济一片红火，欣欣向荣。它依托于实体，却又抽走了实体的血液，也难怪彼此存在情绪上的对抗。

在老马看来，当下的实体经济和互联网经济正处于此消彼长和取长补短的阶段。有时剑拔弩张，相互仇视；有时却也可以称兄道弟，坐下来喝茶，相互欣赏。

什么时候到了第三阶段，你中有我，我中有你，相互融合，共同繁荣，这种局面才会被真正打破。

除了关门,中国企业还有两种活法

> 重负之下,很多中国企业面临三种生存选择:关门、出走、不务正业。

首先确认一个问题,中国企业的税负重不重?

普华永道和世界银行的报告《Paying Taxes 2017》(2017全球纳税报告)给出一个数据,说中国企业各种税负占其净利润的百分比是68%。这个68%"总税率"是什么水平?世界排名第十二位,远高于世界平均水平。

当然,业内对此小有争议。争议点在于企业能不能转嫁这个税负?国家税务局官员李万甫说,"能",虽然高达68%,其中部分税负企业是可以转嫁给普通消费者或者产业链下游的。

可是,财政学家李炜光却不这么认为,他说这个68%,在中国的说法叫"商业利润税费率",不包括可以转嫁的流转税,等于说这都是企业实际负担的税费,这68%的总税率并不存在虚报。

相关数据显示,除了新兴行业和金融这些领域之外,大部分企业的利润率都不到10%。在这样的情况下,我认为目前中国企业面临三种生存选择:

第一种选择是关门。

世界银行给出的数据并非新闻。事实上,早有学者指出,我国企业总税率多年超过68%。有人说这是"死亡税率"，这并非危言耸听。2016年上半年，一、二线城市主要零售企业关店超过八成。大部分企业的利润率不到10%，承受不起沉重的税费负担，所以导致大多数东南沿海加工企业处于困境之中，甚至亏损倒闭，这也是我国当前民营企业税费重，经济持续低迷的一大真实原因。

第二种选择是出走。

曹德旺带着10亿美元到美国投资建厂去了，不少制造业搬到东南亚国家去生产了。什么原因呢？美国的企业总税率44%，比我们低。东南亚国家的企业总税率也比较低，比方说柬埔寨，21%；越南，39%。

不能小看这个税费，其实是无形的指挥棒，资本必然流向那种营商环境好、成本比较低的地方，所谓的"价值洼地"，这是再自然不过的经济规律。

第三种选择是不务正业。

这个"不务正业"是个中性词，就是企业在本业上的投资意愿降低，转而从事资金回报率更高的行业。这也是很多实体企业脱实向虚的原因之一。研究发现，很多企业即使手里有钱了，也不投在实体上，而是放在金融体系里面转圈儿，钱生钱，这进一步加剧了金融和实体经济的脱节。

如此，中国企业事实上面临三种生存选择：关门、出走、不务正业。关门的，让人同情；出走的、不务正业的，是一种生存策略。但长此以往，中国制造业必然处于低迷状态。

当此之时，真正的降低税费刻不容缓。为什么在降低税费前面我加个"真正的"？中央提出确保所有行业"营改增"税负"只减不增"目标，地方执行得怎么样？

前面说到财政学家李炜光教授，曾带队调查了四个省的四个城市，被调查企业中有57家企业先后经历了"营改增"的过程，有36家（63.2%）反映税负提高了，12家（21.1%）减轻了，9家

（15.8%）不变。调查显示，医药行业和农产品加工等行业很可能并没有盼到甘霖。在此现状下，我们提出真正的降低税费，就显得更为迫切。

制造业属于国民经济的支柱性产业，制造业就业，被世界银行称为良性就业，我们不能让高税费这根稻草压倒制造业。与此同时，以真正降低企业税费为核心的金融体制改革，难道还不该快马加鞭吗？

创业成功秘诀：不熟不做

> 不要被那些所谓成功者的经验所迷惑，成功可能是暂时的，更多的日子，要跟失败打交道，向失败中寻求不失败的经验。

今天看到一个人的创业故事。主人公叫张素玲，开办了一个叫"真不同"美食广场，有八家分店，身价千万。22年前，她从农村到城市务工，历经七次失败，走到今天。

我想到的，不是风雨彩虹，而是一个现象："幸存者偏差"。什么叫幸存者偏差？当某些人创业成功之后，人们往往会给他（她）戴上光环，以为这些人如何天赋异禀，如何红运当头。但真正成功的因素，也许只是她碰巧还挺得住而已。那些挺不住的，即使用了22年，同样经历七次失败，却很难进入公众视野。

"二战"时期，空战激烈，盟军想为飞机披上装甲，提高防御能力。但装在哪里为好呢？查看返航飞机发现，机身上的弹孔比引擎上的多。军官们据此认为，需要加装装甲的地方应该是留有弹孔多的部位。

这样的判断当然是个笑话。我们知道，最应该保护的，首先是飞机的引擎和发动机，因为，引擎和发动机中弹的飞机都没能回来。我们不能只看到筛选结果，却忽略了被漏掉的关键信息。

这种现象在投资者身上经常看到,当巴菲特大谈特谈投资经验和方法时,采用同样经验和方法而投资失败的大有人在。所以,我们应该扩大选择目标,努力寻找那些失败的案例。

事实上,幸福的家庭总是相似的,不幸的家庭各有各的不幸。美国科技市场研究公司 CB Insights 曾经深入剖析个中原因。他们就 101 家公司创始人撰写的失败剖析文章进行数据分析,发现 42% 的受访创业公司失败的首要原因是,产品缺乏市场需求;29% 的公司失败于缺乏足够资金;23% 的公司失败于团队不给力;19% 的公司失败于竞争激烈……

如此这般,总结的失败原因有 20 种之多。其实,每一个细小的因素都可能导致创业失败,一着不慎满盘皆输。

创业成功本就是小概率事件,甚至是一种偶然,你有一个好产品,碰上一个伟大的时代,遇到一个好的合作伙伴,然后,天时地利,各种机缘巧合,你今天还活着。

福建商人江先路,曾经怎样意气风发,一路奋斗,资产过亿,只因为 2012 年一场租赁纠纷引发的冲突,被刑事拘留。一年前,法院为江先路平反,无罪释放。但此时的他,公司没了,人也生了重病,不久之后便去世了。

所以,这提醒创业者要警惕"幸存者偏差"现象,不要被那些所谓成功者的经验所迷惑,成功可能是暂时的,更多的日子,反倒常跟失败打交道,向失败中寻求不失败的经验。

那么,怎样才能尽量不失败呢?

有人说,关怀他人的需求。一个产品或者服务,只有真正满足客户需求,尤其是刚需,才有生存的价值。也对,也不对。这样的领域,可能竞争对手也很多,甚至很强大。要知道,有些人走过的路是寸草不生的。

有人说,那就独辟蹊径。也对,也不对。我们的确可以在一些细分市场占据一席之地,但拓荒之路注定坎坷艰难,焉知你不会成为分母？不穿鞋子的市场需求大，改变人的习惯，难度更大。

有人说，专注更容易成功。也对，也不对。凡事想成功必须持之以恒，但也有些人的失败，皆因固执己见，不知变通导致。

这么一看，这些所谓的成功规律总结其实也是一种"幸存者偏差"，本身藏着悖论。这么多年，老马引以为至理名言的只有四个字：不熟不做。创业，要选择你熟悉的事情，你所做的正好是你所擅长的，感兴趣的事情，更容易让人专注持久。

最近跟一位年轻企业家聊天，他说："自己失败好多次，走到今天，终于知道自己该做什么。其实，曾经的失败不算失败，那是试错或者迭代。"这种心态真好。

如果创业注定九死一生，那一定是化蛹成蝶的过程。

创业，怎样成为5%的幸存者

> 失败不要紧，关键是我们怎么把失败变成营养，把失败当作进阶的石头，迭代的契机。

今天，我要说到一位创业失败者，研究生臧国栋。他放弃了月薪5800元的工作选择创业，开宠物店，但不顺利，一年欠下数十万元。现在没招了，在网上发出求职信，说谁能够雇用我，我预支50万元的薪酬，未来给他打工十年。

事实上，大浪淘沙，创业失败是大概率事件。你看2016年，很多创业公司倒下去了，以跨境电商平台蜜淘网、O2O洗车及养护平台博湃养车、生鲜电商美味七七、半成品生鲜O2O电商青年菜君等一批创业公司倒了下去。那些幸存者日子就好过了吗？未必，裁员、转型、估值缩水的声音不绝于耳。

重庆大学教授曾国平就创业失败总结道：小本经营应该避免"裸身入场"的坑，不少创业者缺乏风险意识，不留后路投身其中；其次是资金投入的坑，创业者多选择单打独斗，建议采用合作模式，分担风险压力。

这两个坑，是不是真正的坑呢？未必。要不要"裸身入场"？事实上，我看到截然相反的观点。有投资人提议，创业必须有破釜沉舟的精神，看到机会马上投入进去，毫不犹豫，否则等你准备好的时候，没准市场上已经有上百个竞争对手了。

再说资金投入，要不要合伙？这也未必。很多创业者小本经营，单打独斗是正常现象，单枪匹马闯出一片天地，最后队伍越来越大，也不是没有成功先例。

所以，老马以为，没有一定之规，条条大路通罗马。没有所谓完全正确的成功经验，但一定有非常宝贵的失败经验。

接下来，再看看那些互联网领军人物，他们在创业路上有没有遇到什么坑？当我们对这些所谓"业内大牛"全面审视之后发现，大都栽过跟头，几乎无一例外。只是他们跌倒之后，没有就地趴下而已。

阿里巴巴创始人马云历经三次创业，在马云看来，企业成功的经验各不相同，但失败的教训是相似的。马云说，做企业着实不易，"95%的企业都倒下了"，避免犯倒下的人犯的错误，"把错误变成营养"，就能成为那幸存的5%。

小米创始人雷军曾创立三色公司，因无法盈利破产。对此，雷军有了三点反思：一、要有明确的盈利模式；二、要有前瞻的市场意识；三、要有一定的团队管理能力。

京东创始人刘强东曾在中关村开餐馆，被骗钱后关门。刘强东由此得到的教训是：对员工一定要信任，但信任不等于没有管理。

360创始人周鸿祎曾打造3721——国内最早的搜索引擎之一，后卖给雅虎，导致搜索这块10亿美元的市场，最后被百度占领。对于早期经历，周鸿祎称：大家做事情不要只盯对手，一定要盯住用户需求，而且一定要守住自己的事业，不要轻言放弃。

说到这里，创业者到底应该注意避开哪些坑呢？这个问题似乎变得似是而非。你认为的坑，对别人而言可能是垫脚石；你失败的原因，也许正是别人胜出的机会。坑很多，但最大的坑也许正是你自己。

创业是一场浴火修炼。原来，创业最核心的不是产品，不是服务，而是创业者本人，只有把你自己这个产品打磨好了，你的创业才真正具备核心竞争力。

最后，我要送给创业者四句诗："试玉要烧三日满，辨材须待七年期。"是不是真金美玉，是不是人中龙凤，一天两天看不出来。

"向使当初身便死，一生真伪复谁知？"假如今天因为一次失败就倒下了，那么你的价值、你的能力又如何证明呢？

失败不要紧，关键是我们怎么把失败变成营养，把失败当作进阶的石头，迭代的契机。常言说，不碰南墙不回头，创业者应该随机应变，绕开南墙，另辟蹊径；或者，毅然决然，真的把南墙撞倒，把那一地碎砖铺在你前行的路上。

我们可能碰到了假日企

> 伟大的企业之所以能基业长青,道、德、环境、大势,天时地利人和,缺一不可。

东芝作为一家老牌日企,曾经是日本制造的代表,现在爆出了经营危机,资不抵债,陷入困境。导火索,是它在美核电业务失利,导致7000多亿日元的巨亏。当然,财务造假丑闻早已让其遭受重创。

这事让人想到夏普公司,去年夏普公司被台湾鸿海集团收购,刷新了日本家电巨头被外资收购的纪录。很多人认为,夏普的命运可能会出现在东芝身上。

一家企业的成功也许不能复制,但一家企业的失败肯定有很多可借鉴之处。更何况,这不是一家企业,而是一窝企业。

东芝的困境并不是孤例。除了东芝,数家日本老牌企业近年都曾出现财务造假、违规投资等经营丑闻。例如,2011年奥林巴斯公司的天价咨询费,被称为日本企业史上最大的金融丑闻;又比如日本三菱汽车,去年4月被曝伪造油耗数据,欺骗消费者。

这让人惊讶,这些日本企业怎么了?我们可能遇到了假日企。

一直以来,日本企业都给外界良好的印象,"老板兢兢业业,员工干活不要命,对企业声誉非常看重,对产品和服务质量极其负责。"可是，接二连三出现的虚报、隐瞒、拖延、财务"洗牌"事件让众多的日本企业走下神坛。

也许有必要分析一下，日本企业到底怎么了？

有日本媒体认为，日本的很多大企业在经济高峰期太成功了，所以，他们不与时俱进，不愿意放弃原来的管理模式，总是把经营不善归咎于外因，而不从内部找原因。

老马认为问题的核心并不在这里。诚然，根据国际企业治理评价机构（GMI）的报告，日本企业的内部治理水平在受调查的38个国家中仅排第33名。

但不是"与时俱进"就包治百病，也并不意味着原来的管理模式都要放弃，要知道，丰田的精益式管理经验，至今依然先进。很多企业的成功秘诀恰恰就是坚守传统，执着专注，不随波逐流。

另有分析说，日本企业普遍得了我们的"大国企病"。

首先就是管理体制僵化，导致错失良机。在日本的企业文化中，社长的地位至高无上，不容别人提出批评与质疑，人员晋升也论资排辈，因而决策低效，偏于保守。

其次，是用合并重组代替淘汰、破产，掩盖问题。分析说，日本大财团已经形成了垄断，让中小企业没有存活空间，结果出现了组团式的衰落。老马以为，这似乎找到了症结。

还有一个非常重要的原因，就是底线失守的问题。有分析认为，在全球化的竞争压力下，日本社会正变得冷漠，整体正义感变得脆弱，规范意识正在缺失。

是的，当弄虚作假蔚然成风时，日企出现大面积衰退，也在预料中了。

由此，我要说到大企业的转型。怎么转？其实，转型不是必选答案。有些东西一定要转，比如大企业病，如果不转，效率没法提升，企业就没有活力。

但是有些东西不能转，比方说，高质量的产品服务、精益求精的工作态度,更不要说诚实守信的道德品质,这是企业的灵魂和核心价值,是底线,决不能转。这种企业的核心价值观如果放弃,他会自己都看不起自己。

正像日本政府在评价三菱汽车造假事件时说的:"不被信任是一个企业最大的损失,尤其是以技术见长的日本拥有世界一流的产品和技术,却用着三流的手段。对于百年老店而言,获得信赖用了100年,失去信任只需1分钟。"这话说得非常深刻。

有些企业在转型中慌了手脚,该转的转,不该转的也要转,给孩子洗澡,连脏水带孩子一起泼出去,这实在荒唐可笑。

老子说:"道生之,德蓄之,物形之,势成之。"伟大的企业之所以能基业长青,道、德、环境、大势,天时地利人和,缺一不可。

那些脱离正道的人,那些削足适履的人,那些失去操守的人,被市场淘汰,毫不奇怪,并不足惜。

看好你的底裤

> 没有阵痛的创业是弱不禁风的，容易土崩瓦解，反之，获得第一桶金越艰难的人，成就往往越高。

创业开张伊始，一般都有个小目标，赚第一桶金。

第一桶金可能是1个亿，也可能是100万，又或者是发展多少个客户，成交多少个订单。只要方向正确，足够努力，完全可能一步一步地走向光明。但是，你能想象吗，有人给自己定的目标竟是剪断十万条电源线？

某O2O洗衣创业公司称，自己在创业之初，通过剪断大学宿舍楼自助洗衣机的电源线，逼迫学生使用该品牌衣服代洗服务，来获取订单。为获得用户，出此奇葩手段，也算闻所未闻。

该公司的公关事后炫耀："先给自己定一个小目标，比如剪断十万条电源线。看朋友圈才知道我们的项目火了啊。"

不以为耻，反以为荣！

商业社会，的确不少人靠突破底线赚取第一桶金。

有人总结出了一条可悲的规则：不遵守底线带来的暴利，远远大于由此带来的惩罚，也大于遵守底线获得的收益。故而，有些人剑走偏锋，铤而走险。但是，老马要说，你这么干，从起点上就输了。

如果是恶名，一夜成名了又能怎样？只是多了一个反面教材而已。即使融资 1000 万元又怎样？比你更大的公司不是说倒就倒了吗？财货悖入悖出的案例还少吗？

让我们看看老一辈中国富豪们的创业之初和第一桶金吧。

李嘉诚的创业时间是 1950 年。第一桶金的得来靠做塑胶花生意。在创业之前，他做过杂役小工、货仓管理员、推销员。

柳传志 40 岁时创业。创业时间是 1984 年。第一桶金从卖汉卡得来。创立联想之初，公司最头疼的是不知道干什么。于是，包括柳传志在内的所有员工都当过"倒爷""板爷"，在中关村拉平板车去卖运动服装、电子表、旱冰鞋、电冰箱。结果，还被人骗去 14 万元。

刘永好的创业时间是 1982 年。第一桶金从事鹌鹑养殖而来。1982 年，刘永好典当了手表、自行车等值钱的家当，筹集了 1000 元钱，开始养鹌鹑。"当时一分一分挣钱，看着鹌鹑下了一个蛋，就意味着赚了一分钱。"

刘永好印象很深刻的一件事，是当时骑车载着鹌鹑蛋被一只狗追赶，后来摔倒在地，200 枚鹌鹑蛋全摔碎了，他当时心疼得掉下眼泪。类似的案例不胜枚举。

创业之初总是艰难的，当我们试图找到所谓"第一桶金"的秘诀时，发现没有一帆风顺的，他们赚的都是辛苦钱。

据专家分析，没有阵痛的创业是弱不禁风的，容易土崩瓦解，反之，获得第一桶金越艰难的人，成就往往越高。

今天，眼见得众多创业者如雨后春笋，大家能否少一点不择手段，多一点脚踏实地呢？

说个故事。王阳明在担任庐陵县令时，抓到了一个罪恶滔天的大盗。这个大盗冥顽不化，面对各种讯问负隅顽抗。

王阳明亲自审问他，他一副死猪不怕开水烫的架势："要杀要剐随便,就别废话了!"王阳明于是说:"那好,今天就不审了。不过,天气太热,你还是把外衣脱了,我们随便聊聊。"

大盗说:"脱就脱!"

过了一会儿,王阳明又说:"天气实在是热,不如把内衣也脱了吧!"

大盗仍然是不以为然的样子:"光着膀子也是经常的事,没什么大不了的。"

又过了一会儿,王阳明说:"膀子都光了,不如把内裤也脱了,一丝不挂岂不更自在?"

大盗这回一点都不"豪爽"了,慌忙摆手说:"不方便,不方便!"

王阳明说:"有何不方便?你死都不怕,还在乎一条内裤吗?看来你还是有廉耻之心的,是有良知的,你并非一无是处呀!"

我们的创业者们,是否也应该守住自己的底裤呢?

话说到这里,我的意思非常明确了:创业者有赚取第一桶金的目标,不丢人。是一个亿还是1000元都不丢人,这个可以有,只要堂堂正正,站着把钱挣了。

走出国门去,东北有金山

> 要敢于走出去,以全球市场为视野,在更大的天地里面,寻找自己的坐标。

前几天回了一趟东北,采访了一批东北企业家,做了一篇报道,《我们要抱团出海》。

回头来看,这些人有两个特点特别显著,其一,说话够快;其二,不玩儿虚的。这些人两次去安哥拉考察,然后,用大半个月组建一家实业公司,到遥远的非洲做综合农业开发去了。

为什么要走出去?外因是非洲迫切需要。内因则不尽相同,有的想做大增量,就得跟国际合作;有的在国内市场碰到了瓶颈,希望走出去,打破僵局。

老马以为,一家企业的存废关乎资源;东北的振兴问题,更离不开资源。资料显示,目前,东北地区共有资源型城市37个,其中衰退型资源城市超过50%。

自然资源枯竭,人才资源也在流失。数据表明,东北"十年流出的人口有100多万"。在经济学上,这是资源诅咒,是正常现象。人才随着资源流动,就像是候鸟的迁徙一样自然。

虽然如此,东北还是不乏资源的,比如东北的农牧产品,实际上是东北的看家宝。单是黑龙江一个省,年产6800万吨粮食,而且质量特别好。靠山吃山靠水吃水，靠着粮食吃粮食。东北应该在这个看家宝上想办法、做文章、有作为。

你看这些企业家，带着农产品去开拓非洲市场，卖钱也好，易货也罢，内外市场不就盘活了吗？用习总书记的话说，"冰天雪地也是金山银山"。的确，走出国门做农业贸易，东北的自然资源真的成了赖以致富的金山银山。

"冰天雪地也是金山银山"，还可以解读为，我们可以从恶劣的环境中创造幸福的生活。

企业家王文亮，是个低调得不能再低调的人，他的企业哈尔滨和众肉业有限公司，年营业额四五个亿，我去观摩了，大门上居然连块牌匾都没挂。不做互联网，更没有什么企业文化建设。

我问他为什么？他觉得闷头干活就行了，没必要张扬。按说国家对于生猪屠宰是有补贴的，他不要。他说："拿国家补贴不如自己挣的，还是自己挣的花得踏实。"

王文亮当年靠什么起家？他高中没毕业就去做小买卖。从20块钱买卖黄瓜起家，卖一筐黄瓜赚两块钱，收税的收去一块，剩下一块，他还挺高兴。

后来卖水果，卖猪下水，开屠宰场，做粮库冷库，跟俄罗斯做生意，去安哥拉开拓市场，越做越大。所以他的经历真的叫白手起家，艰苦奋斗，独立自主，自力更生。这是一种什么精神？无依无傍我自强！

行到水穷处，坐看云起时。中国近代历史上，至少有三拨人口大迁徙，在困境当中崛起，可歌可泣。闯关东，走西口，下南洋。因为穷途末路，穷则思变。

我说过福建商人黄奕住的故事，他完成了从小剃头匠到银行家的逆袭。应了一句话，无奈过河，过了河，他就成了英雄。这样的故事不胜枚举。

为什么闯关东的可以，走西口的可以，下南洋的可以，甚至很多资源匮乏的南方城市壮大也是如此，东北当然也可以走出自己的路，实现自我突围，绝地重生。

正如和粮集团董事长张方所说："不管在哪里，都要靠自己，应该越挫越勇！没有太大的困难，只要不涉及生命的事，它都不是个事。"这是一位 80 后女企业家，那种事在人为不等不靠的观念，也是时下的东北特别需要的精神资源。

所以，老马要提出两个概念：一个要实，脚踏实地做实业，实业可以兴国，也可以振兴一方经济；一个要走，要敢于走出去，以全球市场为视野，在更大的天地里面，寻找自己的坐标。

走出去，东北有金山！在这些已经走出国门和正在走出国门的东北企业家身上，体现出的务实、低调、抱团，真的让我看到了东北振兴的希望。

人工智能会带来大量失业吗

> 人文艺术领域前景广阔，今天的无用之用，明天可能大有用武之地。

电商巨头亚马逊计划开设更多双层自动化超市，基本由机器人来完成日常工作，工作人员只需要三位就行。目前，这些超市已处于开发阶段。

我马上想到，商超人员可能要大范围失业了。2016年，全球范围的零售业大洗牌已经开始，中国有上万家实体店关门歇业，不仅有小门店，还包括很多大型商超、知名老店。

这扑面而来的人工智能，又将对我们的生活带来怎样翻天覆地的影响呢？

2016年1月，世界经济论坛就发出警告，2020年，机器人、自动化和人工智能将会代替500万人的工作岗位。那么，未来又会怎样？

创新工场董事长李开复预言，未来10年，人类50%的工作都会被人工智能所取代。尤其是翻译、记者、助理、保安、司机、销售、客服、交易员、会计、保姆等工作。

一份报告预测，未来几年，全球23.4%（约1.92亿）的企业员工会更换工作。为什么会有如此高比例的跳槽？

主要是全球化 2.0、环境危机、人口变化、个性化、数字化以及科技交融，这六大趋势从根本上改变了人们的工作方式和对雇主的期望。

在我看来，职场人士将高比例跳槽，恐怕还有一个重要原因，就是企业存活率不高。有一家拼车企业，创业 3 个月就估值 10 亿元，可是，又过了 3 个月，公司就倒闭了，一夜消失。这样的例子不胜枚举。

有人计算，2010 年，中国中小企业的平均寿命是 2.97 年，世界 500 强是 40 年，世界 1000 强是 30 年，而我们的职业生涯有多长呢？大概是 40 年。我这么一算，你的孩子未来可能至少换五到六份工作。

正像歌里唱的那样："不是我不明白，这世界变化快。"

今天的大公司比历史上任何时候都容易倒闭。而我们，这些职场人士，比绝大部分企业更长寿。

如何以不变应万变？老马提议，投资自己的头脑和健康。这种钱花得越多，回报越多，而且，这是应对未来工作变动的最佳选择。

当然，投资自己更要看清趋势，司马迁在《史记·货殖列传》里说："无财作力，少有斗智，既饶争时。"看清这个大趋势才是关键中的关键，是最高层次。

那么，未来什么样的人才是不可取代的呢？

按照李开复的说法，人工智能替代不了我们的审美，它将极大地解放人类的时间，从而解放人类的创造力。

还有人预测，到 2040 年，社会中最核心、最优秀的一群人，将会从事"产品经理、导演、旅游设计师"这类人文和科技交融的工作，这是未来的大趋势。

很多人工智能的一线研发人员也普遍认为，未来是复杂的。如果跟不上时代的潮流，可以胜任的工作会大大减少。但不必杞人忧天，20 年后赋闲在家的人，生活质量比现在每天工作的白领还要好。

这等于说，拜人工智能所赐，很多人可以摆脱重复性劳动，专心从事创造性劳动，使人类的科学和艺术呈现空前的繁荣。人文艺术领域前景广阔，今天的无用之用，明天可能大有用武之地。

若干年前，一位老兄考虑投资方向，他手头有 5 万元钱。他想来想去，没买房子，没买股票，投什么呢？他发现同声传译这行很有前途，就把这笔钱投资在同传学习上。后来，这行业火了，他一小时的薪水达到 350 美元，他因自己当初的投资得到丰厚的回报。

这给了我们很有益的启示，我们完全可以通过投资自己，占据主动，掌控人生的幸福。

小小一块钱,大大"生意经"

> 一生二,二生三,三生万物。我们可以从小事做起,一步一步地实现财富积累。

一块钱能买到什么?今天看来,真的买不了什么东西。有人调查,在北京,一块钱可以买一个馒头、一根油条;在上海可以买几根葱;在深圳可以买五个大号塑料袋。

可是30年前,一块钱能买多少东西呢?可以同时买2斤大米、3两肉、2斤番茄、3个鸡蛋、1斤豆角。

一块钱的购买力差别如此巨大,同样,从商业角度看,一块钱能创造的价值也相去甚远,这里面可能缊藏着很大的商机。今天我就说说一块钱里面的商业思维,小小一块钱,大大"生意经"。

第一个一块钱的故事,我要说到分答。

有个叫"姬十三"的人推出一款付费语音产品——分答。大家可以通过向行业精英、舆论领袖付费来获取他的一条60秒内语音回答,别人可以花一块钱偷听,提问者和回答者分享这一块钱。就是这个分答,上线42天的时候,共产生50万条语音问答,总订单上千万元。

分答一块钱启示：

一块钱也许不多，但是却意味着人们愿意为知识变现经济和粉丝经济买单。别小看一块钱，几千人上万人"偷听"，就能托起一个很大的市场。商业模式设计者所要做的，是规则和玩法的创新，调动消费者的热情，撬动市场。

第二个一块钱的故事，我要说到《好好说话》。

有个叫"马东"的人，推出一档教人说话的节目。打出旗号：一天一块钱，你可以听我六分钟的音频节目。推出第一天，这档音频课程的销售额就突破500万元。

《好好说话》一块钱启示：

从营销思维来讲，"一天一块钱，一年365块钱"，比"一年365块钱"的提法会更让人觉得收费少。付费音频，这的确是一个方向，但并不意味着付费的都是高质量的内容精品，也不意味所有高质量的内容精品都需要付费收听。

你看，广播电台很多高质量的内容精品，数十年来都是免费放送。我们广播秉持的市场逻辑截然不同，收听门槛越低，收听市场越大，这才是我们广播的价值所在。

第三个一块钱的故事，我要说到"一元咖啡"。另外有个叫程刚的人，下岗后想找一个合适的项目，他听说有种东西叫"一次性饮茶杯"。于是，就从推销"一次性饮茶杯"做起。

推销很不顺利，却让他看到"咖啡纸杯"的项目更有市场。于是，他把纸杯咖啡推广到了网吧，采取联合经营。热咖啡一元一杯，每杯给网吧提取0.3元，除去成本，自己能获取0.44元的利润。目前一元咖啡销量稳步上升，程刚每月可以有4000多元的盈利。

"一元咖啡"启示：

创业者首先是发现市场需求，然后满足需求，类似"一元咖啡"

之类的项目就会应运而生。一元咖啡，这是大众消费思维，别看利润微薄，只要消费群体巨大，都不失为一个好项目。

第四个一块钱的故事，我要说到"卖故事"的创意网店。

有一个叫丛平平的80后女孩，在淘宝上推出一个创意网店，所卖商品就是她的故事。她有200多个原创故事，都是她从生活中收集的真实故事，顾客花一块钱就可以看一个。如今，有的故事已被顾客自愿"买单"300多次。不少顾客评价说"被感动""有共鸣"。

由此，我想到蒲松龄老爷子，当年他摆个茶摊，我请你免费喝茶，你讲故事给我听。后来，他把这些故事加以整理，写成了《聊斋志异》。可惜在那个年代，不能开个网店卖故事，否则，蒲松龄的卖故事生意肯定好得不得了。

作为创业项目，一块钱的商业思维可以帮我们实现几何级数的财富增加。那就是，一生二，二生三，三生万物。我们可以从小事做起，一步一步地实现财富积累。小小一块钱，大大生意经。

[第六辑]

国家繁荣昌盛的名片

观品牌价值

那些超级品牌是这样炼成的

> "铸就百年品牌也是一个国家繁荣昌盛有说服力的名片。"(李克强)

超级品牌是怎样炼成的?

2016年世界品牌500强榜单暗藏玄机。比较连续几年的榜单可以发现,在500家入围企业中,"老字号"依旧占据绝对优势。

以2016年的数据为例,500家入围企业的平均年龄高达93.71岁,百岁以上的企业更是多达206个。

尽管这一数据较2015年的100.71岁略有下降,但"老人家"的地位依然不可撼动,姜还是老的辣啊!

具体到中国企业,中国入选的品牌一共有36个,排在前几位的是:国家电网、工商银行、腾讯、CCTV、海尔、中国移动、华为等。

老字号占了多少?只有三家:茅台、青岛啤酒、中国银行。其中茅台以417岁的高龄拔得头筹,另两家百年企业,青岛啤酒113岁,中国银行104岁。

在我看来,百年老店是衡量一个国家品牌价值的重要指标。正如李克强总理所说:"铸就百年品牌也是一个国家繁荣昌盛有说服力的名片。"小年轻的互联网等新兴产业前景广阔,但其未来价值充满变数。真正的品牌价值,还是需要透过相对稳定的百年老店来评估。

非常遗憾，中国的百年企业不多，拿得出手的百年老品牌更是少之又少。

上海交通大学品牌研究所所长余明阳说："中国有 15000 个老品牌，1500 个还活着，150 个活得还算不错，但只有 10 个称得上活得很好。"

所以这时候，我们更要好好研究一下超级品牌的成长之道。

超级品牌是怎样炼成的？第一大特征：活得够久。

跟武侠小说里的情节一样，你要想无敌于天下，根本不需要练就什么绝世武功，只需要活得够久，你自然无敌，占据江湖头条。

当然，想长命百岁，你在养生方面肯定要有高招；企业若想长生不老，也须有延续性，具备长寿基因。

超级品牌的第二大特征：够专注。这也是企业长寿的基因之一。

研究发现，这次入榜的"老人家"背后，通常都站着一个强大的拳头产品和基于拳头产品延伸出来的产品体系。无论是食品饮料行业的可口可乐、雀巢、百事，还是汽车行业的宝马、奔驰、大众，都一门心思聚焦主业，少有花大力气介入非主营业务"赚快钱"的案例。

中国的这几位老爷子也是如此，茅台专注做白酒、青啤专注做啤酒、中国银行专注做金融，才垫定今天的江湖地位。

超级品牌是怎样炼成的？在我看来，还有第三大特征：真金不怕火炼。

茅台酒四百多年历史，有很多故事可讲。比如，茅台酒"怒掷酒瓶振国威"的故事、1915 年获得巴拿马金奖的故事等。但事实上，真相在近两年被揭开，不是金奖，而是银奖，还只是第四等。巴拿马博览会共设奖六等，分别是：Grand Prize（大奖章）、Medal of Honor（荣誉奖章）、Gold Medal（金奖）、Silver Medal（银奖）、Bronze Medal（铜奖）、Honorable Mention（荣誉奖）。

我们无意非难民族品牌，我们只是尊重事实。巴拿马银奖又怎么样？把银奖说成是金奖，反而显得太不自信。获得多少奖牌真的那么重要吗？外国人怎么评价我们，真的那么重要吗？

最重要的，应该是顾客满不满意、喜欢不喜欢。所谓金杯银杯不如老百姓的口碑，金奖银奖不如老百姓的夸奖。

所以，这些老品牌，更要看淡这个虚名，实事求是，一就是一，二就是二，我觉得这才是正确的态度。经历过百年风雨的人，无须用这种东西抬高身价，顾客体验才是第一位的。青岛啤酒也一样，得让消费者真觉得好，买账，大家捧你，才能门庭若市。好酒不是吹出来的，而是喝出来的。能活上百年，唯有真材实料，真金不怕火炼。

顺便说一下，连续13年发布的《世界品牌500强》排行榜评判的依据是品牌的世界影响力。品牌影响力的三项关键指标——市场占有率、品牌忠诚度和全球领导力。

老马以为，以财富论英雄乃梦幻泡影，以成败论英雄则是是非非，以顾客美誉度论英雄，才是企业长生不老之道。

民族品牌如何与跨国公司掰手腕

> 只有壮大自己,才更有底气来谈掰手腕,否则,你根本没有谈判的筹码和博弈的资本。

民族品牌如何与跨国公司掰手腕?

这个问题的提出是基于两个现实。第一个现实,从20世纪90年代至今,中国的民族品牌几乎全面遭到外资围剿,很多耳熟能详的民族品牌离我们而去。

那些被收购、被吞并的民族品牌,几乎无一逃脱没落的命运。你看,目前中国市场上约80%的日化产品都是外资品牌。

另一个现实,随着产业调整和振兴中华老品牌的需要,一些卖给外资的民族品牌近些年相继被本土企业回购,这些民族品牌出境游或者跨国游若干年,现在倦鸟归林,重新回家了。比如丁家宜、美加净、健力宝、南孚、北冰洋汽水,等等。

当然,这些品牌时隔多年,多已成鸡肋。比如丁家宜,当初卖了24亿元,科蒂集团愿意以很低价格物归原主,就因为这个品牌对于科蒂已成"拖油瓶"。

在这么多案例当中,唯一特例是娃哈哈。2006年,达能强行低价并购娃哈哈事件引发娃哈哈内部的强烈反对,并引起社会广泛关注。在经历了数次谈判后,达能失败,达能所持51%股权被中方合资伙伴接手。

在这一案例中,我们看到,民族企业是和跨国公司掰手腕的第一主体。企业本身要增强竞争能力,保护好自己的品牌自主权,避免被吃掉的命运。

现在看来,之所以"合资"成了众多知名民族品牌的终结者,就是因为合资时将品牌自主权拱手相让,结果合资之后,后悔莫及。

民族品牌如何与跨国公司掰手腕?现在,该探讨一下另两个博弈的主体,政府和市场。

保护民族品牌,应该是政府的责任。欧美等发达国家的经验表明,政府在民族品牌保护中的作用不可缺少。

就说这个达能,也曾面临被收购。2005年,百事可乐欲300亿欧元收购达能,结果,法国政府出面了,明确表示:政府支持达能"躲避令人厌恶的竞购者",政府将尽一切可能保护法国达能的利益,确保法国达能在法国的未来。直到给搅黄了为止。

十几年来,已有多起外国公司的并购计划在法国"流产",而重创几乎都来自法国政府的出面干预。

至于东亚近邻日本和韩国更是有过之而无不及。对日本政府来说,品牌战略被上升到了国家战略的层面;韩国人有强烈的"爱用国货"意识,甚至认为这是一种责任,消费国货就是爱国。(为什么我们提消费国货爱国居然这么羞答答?)

再看看我们,据国务院发展研究中心几年前的一份研究报告显示:在中国28个主要产业中,外资已经占领了21席。在中国已开放的产业中,每个产业中排名前5位的企业几乎都已由外资控制。

这些年来,中国公司走出国门动不动被人家"反垄断",最该反垄断的是我们才对,不是吗?

再说第三个主体,是市场。在大家都遵守市场规则的情况下,谁劲大谁厉害,毫无问题。所以,有一种论调,说是不应该保护民族品牌。否则,就是不尊重市场。

这个论调相当有片面性,如果外企收购中国民族品牌,只是意在"封杀",为垄断中国市场排除障碍,那么,国家有关部门根据相关法规予以审查,有毛病吗?民族企业在面对国外企业的恶意收购时,利用反垄断等法律来抵制恶意收购,有问题吗?

最后,我再次强调企业实力。

你看,现在全球已经有超过 20 亿人每天使用华为的设备通信,华为公司能够在全球开疆拓土,靠什么跟强者抗衡?靠的是技术创新和专注,靠自身实力。这个中国经验,也应该是所有民族品牌的共识。

只有壮大自己,才更有底气来谈掰手腕,否则,你根本没有谈判的筹码和博弈的资本。

同仁堂三百年屹立不倒的看家功夫

> 这样的人家合该枝繁叶茂,这样的品牌合该百年流传。

在中华老字号当中,北京同仁堂是一块响当当的中药品牌,1669年由乐显扬创立,算下来,迄今300多年了。

要说同仁堂的看家功夫,可以从电视剧《大宅门》说起,白景琦看他儿子往药丸里掺杂使假,大怒,一把火将价值7万多两银子的药全给烧了。他说:"白家老号绝不卖假药,药力不够我都不卖。甭说是7万两,就是70万两,我把本都烧光了,我关门歇业,回家吃窝窝头去,我也不干这亏心的事。"

这部电视剧就是以同仁堂为背景拍的。所谓"修合无人见,存心有天知",你自己在那儿鼓捣是没人看见,但别以为别人不知道,老天在那儿瞧着呢。

为什么同仁堂这块金字招牌300多年屹立不倒?这是个公开的秘密,凭的就是货真价实。我去过同仁堂,大门口那副对联很是讲究,上联:品味虽贵必不敢减物力;下联:炮制虽繁必不敢省人工。你看白景琦为什么会冲天一怒,这维护的是药品的品质,也是在维护祖训。

要说祖训,这就要说回到同仁堂的创办人乐显扬了。乐显扬本是个铃医,什么是铃医?就是摇个串铃,走街串巷,行医卖药。后来，名声在外，进了皇宫。再后来，看不惯官僚的腐败，最终辞官回家，开始自己创业，抱定了"济世养生唯医药"的想法。为什么取名同仁？这个"同"就是"大同社会"的"同"。"仁"呢？"仁者，爱人"也。

这个信念到第二代传人乐凤鸣手里，更具体了，提出这副对联来。"不敢减物力，不敢省人工"，这讲究可就太大了。比如黄连，必须一根根地去掉须根；远志，必须人工去除有副作用的芯；为了让药品口感更佳，要使用80目的罗过筛；为了保证紫雪丹的效力，坚持使用"金锅银铲"……

一个百年老字号，不是喊口号喊出来的，是百年如一日做出来的。

现在就有人问了，《大宅门》和同仁堂到底是什么关系呢？电视剧演的跟真实的历史一样吗？这就不能不提到济南宏济堂。《大宅门》里陈宝国扮演的白景琦何等个性张扬，天马行空，原型就是宏济堂的创始人乐镜宇。别以为我跑题了，这济南宏济堂和北京同仁堂一脉两支，同祖同宗。现在还有，也是百年老字号。

历史上真实的乐镜宇乐四老爷，传奇色彩一点不比白景琦差。靠刻苦学习，自学成才，成为医术精湛的好医生，而且，还是一个中药学家，中成药发明一大堆。闻名中外的中成药如阿胶、乌鸡白凤丸等配方，都是他研制发明的。

乐镜宇从小具有叛逆精神，母亲实在无法管教他，把他赶出家门，并告诫他："不混出个人样就不许进家门。"乐镜宇离京到了济南，赤手空拳创办宏济堂，开始的时候也半死不活，每天销货额不过几吊铜元。后来，乐镜宇在济南东流水街办起宏济堂阿胶厂，生产出独具特色的九天贡胶，开始赚大钱了。

赚钱归赚钱，宏济堂强调学做买卖养家，还要学做人、学仁术。宏济堂有著名的"五不要"：不孝敬父母者不要，不忠实朋友者不要，对人无礼者不要，不讲信誉者不要，不讲仁义者不要。

在宏济堂堂厅上曾悬挂一块匾牌，很见情怀："但愿天下人无病，哪怕架上药蒙尘。"所以，宏济堂里个个古道热肠，名医辈出，也就不难理解了。

到新中国成立前，宏济堂与北京同仁堂、天津达仁堂齐名，号称"江北三大名堂"。鲜为人知的是，这三家响当当的金字招牌实出一门，都是乐氏家族所有。

原来，同仁堂发展到清朝末期，乐家繁衍为四大支，即乐孟繁、乐仲繁、乐叔繁、乐季繁兄弟四个。这一家族的确枝繁叶茂，又分别开了很多店铺，"宏济堂""达仁堂"就是其中的两个。人说"积善之家，必有余庆"，这样的人家合该枝繁叶茂，这样的品牌合该百年流传。

最后说一句，《大宅门》的导演郭宝昌其实就是乐镜宇养子，所以，这故事里的事虽说难辨真假，但那人心人性、人物的魂魄是大差不差的。

400 多年前，一对"中国合伙人"的传奇

"本钱各出，利益均沾，同心济世，长发其祥。"

这是一家广东老字号，如今 400 多岁了，比外国最早的制药企业德国默克还要早 68 年，是一家拥有吉尼斯世界纪录的"最古老的正在运营的制药厂"，全球公认的最长寿药厂。这就是长寿不倒翁"陈李济"。

这"陈李济"始建于 1600 年，陈是广东商人陈体全，李是郎中李升佐，这二人的相遇相识堪称佳话。

李升佐是广东省南海县人，在广州大南门已末牌坊脚（今北京路 194 号）经营一间中草药店。有一次，李郎中在码头发现一包银两，于是日复一日在原地苦候失主。失主到底找来了，他叫陈体全。陈体全一看，银子分毫不少，自是感激不已，对李郎中的人品大为钦佩。

两人一攀谈，陈老板就问李郎中："先生在哪儿高就啊？"

"在下经营一家中草药店。"

"哦？您需不需要合伙人啊？我特别看中您的人品，您做什么，我都敢投资。"

"好啊好啊，我现在就差一个天使投资人了。"

以上这番对话，是我想象出来的，应该大差不差。这事由拾金

不昧好人好事开始，后来变成了合伙做生意，要做百年老店，完全是神编剧才能想出来的神剧情。

总之，陈老板将失而复得的银两拿出一半来投资李郎中的中草药店，将草药店取字号"陈李济"，寓意"存心济世"。陈李这么搭伙做生意不要紧，二人不会想到，他们会干出一个全球公认的最长寿药厂，415年后，依然活力四射。

他们更不会想到，他们这对"中国合伙人"在合作之初就开创了一个跨时代的管理模式，至今，世界最现代的营销思想也不过如此。

到底"陈李济"开创了一种什么商业模式呢？原来，商号从一开始就采取了股份制资本合作，四百年前就用"职业经理人"。

"陈李济"的管理一开始就与众不同。比如，两姓合股经营，两族轮流选任司理（厂长），且定下规矩，轮流执掌，子女互不通婚。这样做有什么好处？一是两姓族长形成类似今天的董事会，董事会成员共同监督、同舟共济；二是司理执行两姓既定目标，就像今天的职业经理人，无能的下一届就会自动落选，每年换另一姓氏司理，从而充分化解家族式企业中管理者单一的经营风险。

更让人惊讶的是，几百年前的"陈李济"竟无师自通品牌推广艺术。清朝不是有科举考试吗？"陈李济"几百年前就想到了在挖掘这些绩优股潜力上大做文章。

"陈李济"早早派人到考场附近，要么卖药，要么半赠半卖，要么人手一丸白送，并送上印有宣传语的纸扇。与此同时，跟踪榜单，如果某人中举或当了进士，就大肆宣传：某某考生服用陈李济养心宁神丸，精神爽利、笔走龙蛇……

当然，这管理模式和营销方式再超前，也并不能保证一家企业可以兴旺发达，真要研究起来，还得追溯到415年前那对"中国合伙人"传奇般的相遇。

两人之所以搭伙做生意，全是建立在诚信的基础上。然后，两人又发下宏愿"同心济世",目标特别远大。你看,这相当于价值观也高度一致。在日后的经营中,他们把送茶赠药早早写入老铺条规。碰到饥民、难民,"陈李济"铺中的员工必出门营救施药,代为通知家人;夏日炎炎,"陈李济"便在人行道设茶缸,免费供应茶水。

对了,这对"中国合伙人"当初到底立下什么约定呢?就是:"本钱各出,利益均沾,同心济世,长发其祥。"长发其祥,这是个吉祥话,就是事业发达的意思。相当于现在常说的"生意兴隆通四海,财源茂盛达三江"。

老马以为,这样的百年企业之所以这么有生命力,关键在于他们化小爱为大爱,化职业为事业。正如南怀瑾先生所说:"中国文化对事业的定义很深,《易经》有云:'举而措之天下之民,谓之事业。'真正的事业,是为天下之民的利益而干的,否则都是职业而已。"

解码金刚组1400年长寿之谜

> 无论经济繁荣还是衰退，专一于自己的核心业务永远是生存之道。

我的一位朋友最近跟我说："我的股票被套牢了，经过一番折腾，终于明白：还是上班稳赚不赔。"多么痛的领悟！这本来是个简单、朴素的道理：坚守本业可能会活得更久。

算一道算术题吧，2017-578=？。这是一家企业在这个星球上存在的时间。看起来不可思议吧？这家企业就是日本的金刚组。它创办于公元578年，中国那时候什么朝代呢？南北朝时期。这么算下来，它是现存世上最古老的家族企业，没错，1400多年了。

这是一家什么企业呢？专门修庙的。由朝鲜的一位工匠柳重光创立。怎么这么一家日本企业是朝鲜工匠开的呢？说是日本圣德太子为了修建四天王寺，特地从朝鲜半岛请了三名"宫大工"（专门修建佛寺的工匠）来帮着修建。其中的一位"堂宫大工"柳重光就成立了金刚组，从此长留日本负责四天王寺的修护。要说柳重光，本只是个小木匠，单凭借一技之长，就让这个家族企业活了1400多年，实在是个人物。

你说1400年中他们就一直干这个，没动摇过吗？有没有干干房地产、炒炒股票什么的？别说，真有过。但也正因为这个不务正业，栽了大跟头，差点就把企业毁了。

这也是金刚组发展当中遇到的最大危机，发生在20世纪90年代。当时，日本进入经济高增长期，出现房地产热，跟咱们前些年的房子一样，房价"噌噌噌"地往上涨，金刚组看着眼红耳热心跳，禁不住诱惑了，盖房子咱擅长啊，庙我都能盖，盖商品房是个事吗？于是也开始干房地产。开始挺好，毕竟基本功扎实，房子盖得质量挺好，价钱也公道，老百姓挺买账。

后来不行了，房地产这个泡沫太大了，早晚会崩溃。有一天，"哗啦"房价下来了。金刚组傻了，6亿日元盖的房子，最多只能卖5亿日元，这还得看人家买家心情好不好。最终债务缠身，2006年不得不宣布清盘，打算关门歇业。

这时候，一个人站出来了，救了这家企业。谁呢？高松孝育。这位高松也是当地建筑业有头有脸的人物。为什么救金刚组呢？他当时说了一句话："传统悠久的东西一旦破坏就再难复原，让'大阪之宝'——金刚组崩溃将是大阪建设行业的耻辱。"这句话稍加解释，就是老祖宗不能倒，老祖宗倒了，我们这帮小辈还有什么脸面活着呢？就这么着，得了贵人相助，金刚组缓过来了，重回老本行，专做寺庙建筑。

吃了苦头，金刚组这下是得了教训了，从终点回到起点，痛定思痛，金刚家族总结了一句教训——"莫贪图赚太多钱"。这绝对是老天爷赏饭吃，别吃着碗里的看着锅里的，能吃哪碗吃哪碗。

后来，金刚组第40代堂主金刚正和说："我们公司能生存这么久其实没有什么秘诀。正如我常说的，坚持最最基本的业务对公司来说非常重要。"金刚正和认为，无论经济繁荣还是衰退，专一于自己的核心业务永远是生存之道。

说到这儿，我联想到柳传志的投资故事。1996年民生银行准备注资时，柳传志第一个获得投资批准。他后来说，假如当初投一个亿，今天大概会获得两千多亿的回报。

然而他又说了"并不后悔","创业过程中,身边不断有这样的事出现,是好事还是坏事真不好说。也许投了这个赚了钱,电脑这条路就做不成了。也许最后什么东西都没抓住,这也是可能的。"

这个投资理念很有意思,也值得好好琢磨琢磨。设想一下,如果柳传志当时投资了民生银行,还会有后来的联想集团吗?日本的金刚组公司能维系1400多年,就做修庙这一件事,恐怕不传之秘也在"专注"这两个字上。

顺便说一句,全球200年以上的长寿企业4000家,3000家在日本,创业超过1000年历史的日本企业有7家,超过500年的有39家。为什么日本能有这么多的百年老字号、千年老字号,的确值得好好研究。

为何好品牌讲的故事那么好听

> 良好的心境能使消费者发挥主动性和积极性,引起对商品的美好想象,达成购买行为。

一个好品牌深入人心的奥秘何在？说到品牌故事,人们常常会提到海尔,海尔讲了一个砸冰箱的故事,从而让人们相信了海尔产品的品质；也会说到王石,王石讲了一个登山的故事,为万科节省了三亿元广告费。

我有一位朋友想给太太送一份生日礼物,向女同事请教。女同事是位时尚达人,马上给出几项建议,连在哪里买都嘱咐得一清二楚。

我这朋友马上查看相关资料,很快决定购买她推荐的一款钥匙项链。原来,这个品牌和他喜欢的一位影星联系在一起,那就是奥黛丽·赫本。

在电影中,奥黛丽·赫本饰演的爱慕虚荣的乡村女孩,痴痴地望着橱窗里的钻石珠宝,脸紧贴着橱窗,手中拎着一个牛皮纸袋,一边吃着袋里的面包、喝着热咖啡,一边以艳羡的目光,观望着这家珠宝店中的一切……

真正让朋友禁不住诱惑,欣然决定购买的,是这个品牌的宣传语,那句话是：每个女孩儿时都有一个公主梦。

这是一个很有意思的现象，凡是成功的品牌，通常都很擅长"讲故事"，并在潜移默化中完成品牌理念灌输、产品推介，达成买卖行为。而且，越是好品牌，故事越好听。

那么，为什么一个好品牌讲的故事总是那么好听呢？品牌专家告诉我们，因为讲故事是最容易被记忆、传播并相互影响的一种方式；讲故事最容易贴近人性，并使得冷冰冰的商品更有情感。品牌故事是在商品同质化的年代，最能使商品差异化的一种手段，树立品牌的个性，迎合消费者的价值观。

对此，我还要用消费情绪原理来解释。购物行为并非都是理性的，很大程度存在情绪消费。

其中一种就是心境消费。心境的好坏对于消费行为具有很重要的影响。良好的心境能使消费者发挥主动性和积极性，引起对商品的美好想象，达成购买行为。而不良的心境则会使消费者心灰意懒，抑制购买欲望，阻碍购买行为。

像这个案例中所看到的，奥黛丽·赫本明艳动人，她的微笑让人如沐春风。因为将对奥黛丽·赫本的喜爱，移情到了对商品的喜爱。至于所谓"每个女孩儿时都有一个公主梦"，则引发人们的无限爱怜，触发为女孩儿圆梦的情怀。这样的心境消费完全可以出现买家卖家皆大欢喜的画面。

在此，我也要说到另一种情绪消费，就是激情消费。比如"双11"购物，消费激情如此巨大，竟然可以产生千亿购物行为。在这背后，生产商和销售商通常会讲一个热血沸腾的故事，诱导消费行为，使消费者的理智状态变得模糊或难以控制，刺激消费者的购买情绪，争取营销活动的成功。

但是，激情消费过后，那些消费者会不会为自己的消费行为后悔呢？对于品牌营销来说，"激发"非理性的狂购热潮并不难，难的是倡导一种健康、理性的消费观念。

最后，再讲一个故事，感受一下情绪消费的魅力。著名诗人拜伦有一次在路边看见一位盲人,他身边挂着一个牌子,上写:"自幼失明,沿街乞讨。"可是他手上的那个破盒子却空空如也,没人理他。

拜伦想了想,在他的牌子上写下了一句话。奇迹出现了,路过之人纷纷解囊。拜伦写了什么呢?他写的是:"春天来了,可是我却什么也看不见。"

[第七辑]

弓满则断，月满则亏

观底线价值

陈道明不拍抗日"神剧"

> "圈内一些演员的职业精神远远不够,没有正确的职业观。抗日'神剧'和伪历史剧都是我不会触碰的题材,因为牵扯到正确的历史观问题。"(陈道明)

说到抗日神剧,很多人都会摇头。过去有"手撕鬼子""裤裆藏雷""石头炸飞机"等情节,最近我还看见"食用包子炸弹"这样的荒唐内容。

有人说,每次看抗战题材的电视剧,总能看到一群弱智的日本鬼子和一个弱智的中国编剧,他们共同把悲剧变成闹剧,把一段悲痛的历史记忆变成了搞笑的娱乐节目。

著名演员陈道明看不下去了。他说:"圈内一些演员的职业精神远远不够,没有正确的职业观。抗日'神剧'和伪历史剧都是我不会触碰的题材,因为牵扯到正确的历史观问题。"

以前,他也有过类似说法,说抗日神剧太儿戏,把一段悲惨的历史太过儿戏化了,给再多钱他也不会接。

在其他重要场合,陈道明还曾针对影视过度商业化现状提出建议,可以更好地理解他的初衷。他说:"要多创作具备健康道德观、有历史纵深感和美学高度的影视作品,让世界多了解中国,减少对我们的误会。"

这真的都是演员的问题吗？近日，著名影视剧编剧宋方金发表了"卧底横店"的一线实录，他认为，不能把责任全推给演员，而是每个环节都有问题。

现在导演、制片、编剧都可以换，唯独演员不能换，所以这些行业乱象就在演员身上体现得淋漓尽致。

的确，我们更应该从相关文化产业找原因，看看产业链条到底怎么了。那么，抗日剧一般是怎么出炉的呢？

一位国内著名编剧透露，当下的剧本创作，尤其是抗战剧，以历史为依据的已经是凤毛麟角了，大多数渴望求新求变的，反倒是低俗剧本。

谈到抗日剧剧本的编写，他感到很无奈："题材都是投资方定下来的，他们要求写什么，我们写什么，但是这种（抗日）题材太多了，所以大部分是没有依据的。"

这番话告诉我们，当下抗日剧的生产完全背离了文艺创作的路径，成为资本运作的游戏。

事实上，这种剧每年电视台需求量很大，有相对稳定的收视率，对于投资者来说，性价比和安全性都很高。

很多创作者就这样被赶到狭窄的胡同里面，同质化创作，想出位的话，就得加料，加料还不加价，所以偶像化抗日、家斗式抗日、谍战加抗日、武侠抗日、爱情抗日……泥沙俱下，全来了。

把赚钱当作最高追求，一场"无底线无操守"的编造比赛自然就拉开大幕。

可是，文艺怎能当市场的奴隶呢？如此生产的确太儿戏了。该是强调职业操守的时候了。

很多演艺人士开出药方，用陈道明的话说，"认真工作，全心创作"是一名演员的职业操守，"演员就应该吃苦"。

陈凯歌说："我始终相信内容为王，这才是对观众最大的尊重。"

宋丹丹也说，以前上学的时候，老师们教导大家"要老老实实做人，认认真真演戏，别想没用的"。

在经济学上，相关文化产业发展是不是也要有所约束呢？

著名经济学家厉以宁指出："除了市场调节、政府调节之外，道德力量的调节也很重要。缺少了道德力量调节的配合，市场调节容易走偏，政府调节力量有限。因此，我国在发展文化产业的过程中必须把道德力量调节放在重要地位。"

厉以宁还提到一个现象，经济学中有一条重要规律叫"欲望更替"的，人的欲望或者需求是分层次的，层次越高，需求就越大。根据国际经验，当人均GDP超过5000美元时，人们对文化的需求大大增加；当超过1万美元时，文化消费则会处于一种稳定的增长。

老马以为，随着我们文化需求的增加，观众的审美眼光必会越来越高，给抗日神剧和伪历史剧买单的人也会越来越少，属于严肃创作者的春天当为时不远。

只为苍生说人话

> 培养说真话的文化,需要容纳真话的土壤。

辽宁省省长陈求发在 2017 政府工作报告中首次对外承认,辽宁省所辖市、县,在 2011 年至 2014 年存在财政数据造假的问题。他说,在 2011 年至 2014 年"官出数字、数字出官",导致经济数据被注入水分。这一表态成为报告亮点、舆论热点。

那么,数字造假,谁是得利者呢?恐怕是地方官员。你看,"官出数字、数字出官",虚假数据不仅仅意味着面子好看,也意味着政绩,可以青云直上。

对谁不利?于国于民都不利。报告中说,财政数据造假问题不但影响中央对辽宁省经济形势的判断和决策,还影响到中央对辽宁省转移支付规模,降低了市县政府的可用财力和民生保障能力。

对此,辽宁省委书记李希也说:"绝不能让忽悠成为文化,要让忽悠没有市场,让忽悠者没有前途!"

要说忽悠,很长一段时间以来,数据造假都是顽疾,县乡忽悠省市,省市忽悠中央。

最简单的例子,多年以来,中国各省份公布的 GDP 增长总和超出国家统计局公布的全国 GDP。这里面暗含着怎样扭曲的政绩观和变形的忽悠文化,又岂是一省一市的问题?

所以，辽宁省省长这一说真话，我有五字评价：知耻近乎勇！数据难看不是最难看的；说假话脸不红心不跳，才最难看。

当然，培养说真话的文化，需要容纳真话的土壤。

现实当中，忠言逆耳者不在少数，习惯歌功颂德者不在少数，活在真空里，让人一忽悠就忽悠瘸了的，也不在少数。

不妨以史为鉴。我们想想贞观之治，何以有魏征这样敢说真话的人？魏征有一篇奏疏，叫《十渐不克终疏》，给唐太宗提意见，一下提了十条，说你至少有十个地方没有善始善终。你当年多好多好，可是现在什么样子呢？脱离群众、叨扰百姓、远君子近小人、滥用人力，等等。你如果听我一劝，即使把我杀了，我也心甘情愿。

这叫什么？不为君王唱赞歌，只为苍生说人话。犯颜直谏，捋虎须，批龙鳞。

据说，唐太宗也经常让魏征气得倒仰，当面不好发作，肚子里也翻江倒海。散朝之后，气愤难平，就在那里发狠："这乡巴佬，我哪天非弄死他不可。"

长孙皇后问："杀谁？"

"魏征！今天又在朝堂上羞辱我。"

皇后跪下了。"恭喜贺喜。我听说领导开明则属下正直，如今魏征正直敢言，是因为您领导英明。"唐太宗这才转忧为喜，更加器重魏征了。

您看，何以培养说真话的文化呢？需要魏征这样的直谏之士，也需要有容人之量的李世民，还需要一批拥护实话实说的吃瓜群众。

老马以为，这世界上至少两种人是不能说假话的，一是孩子，一是知识分子。

孩子应该是天真浪漫的，最怕的是孩子小小年纪却世故油滑。有人批评现在很多小学生的作文假话空话套话连篇，这要从我们的评价标准上找找原因。文化学者马未都就说过：孩子的作文如果有一句真话，就应该打满分。

知识分子更需要说真话。我们见到太多的知识分子老于世故，明哲保身。假话全不说，真话不全说，还算好的；最怕的是，真话全不说，张嘴跑火车，一本正经地忽悠。

政协委员侯欣一教授说："知识分子唯一的特长就是知识，不说真话既可能误导官方，又可能使官方瞧不起。"的确，这是知识分子的风骨，也是使命和担当。

《左传》里记载了一位史官——齐国太史，此人绝对是块硬骨头。大臣崔杼把君主杀了，这位太史秉笔直书："崔杼弑其君。"崔杼要求他把这条改了，不改就杀之。

"杀了我，我也不改。"于是崔杼就杀了他。

崔杼命令太史的弟弟改。他两个弟弟不为所动，如实记载，也被崔杼杀了。最小的弟弟来了："你要杀我没关系，等我把这个记下来。"崔杼服了，把宝剑扔下，你爱怎么写就怎么写吧。

所以，文天祥《正气歌》里写道："在齐太史简，在晋董狐笔。"这种直书实录敢说真话的知识分子是好样的。"时穷节乃见，一一垂丹青"，关键时刻，看风骨，看担当。

他微服私访，大吃一惊

> 所谓信息不对称，是双向的，上情不能下达，下情不能上达。

国家旅游局相关负责人表示，规范和治理旅游市场秩序是一项长期、复杂、艰巨、系统的工作，要经常抓、反复抓、持续抓。

在这样的背景下，我想探讨一下微服私访的现实意义。因为的确有人这么做了，此人就是云南省副省长陈舜。就在鸡年春节前，他以普通游客的身份参团旅游，结果怎么样呢？

在一家旅游购物商店，游客享受到"一对一"服务。说白了，所谓"一对一"就是人盯人，游客购物达不到一定金额，甭想走出店门。"团里有老有小，这种事商家也干得出来！"如此所见所闻让他深受刺激。

微服私访的陈舜瞬间成了网络热点。这事，见人见事见冲突，很有点像电视剧的情节。官员微服私访，查考民情，不想碰到不良商家，一律坑你没商量。这自然是撞到枪口上，必然受到严厉惩罚。

我于是突发奇想，国家提倡什么，禁止什么，如果主管领导都能微服私访，将会如何？

按说，现在网络时代很多事情根本不必亲力亲为，上个网动动鼠标，好多问题就全知道了。但是，当主管旅游的官员能够感同身受游客的遭遇，对问题的解决一定大有帮助。

这正是王国维评论诗词好坏"隔与不隔"的妙处。工作也一样。不隔，就必须深入一线，和群众打成一片；若隔了一层，自然没有共情能力，导致很多问题迁延不绝。

晋惠帝司马衷即是如此。有一年闹灾荒，老百姓没饭吃，到处都有饿死的人。手下把情况报告给晋惠帝，晋惠帝却对报告人说："没有饭吃，他们为什么不吃肉粥呢？"手下听了，哭笑不得，灾民们连饭都吃不上，哪里来的肉粥呢？唉，他高高在上，何曾见过人间疾苦？

如果主管领导整天被前呼后拥，你能指望他看到真正的民情吗？如果主管领导天天吃特供食品，你能指望他尽快解决食品安全问题吗？所以，也不要嘲笑晋惠帝，毕竟他还挺心地善良的。

我又想，"经常抓、反复抓、持续抓"的提法，算不算隔了一层呢？

如果一件事要经常抓、反复抓、持续抓，这绝不能体现管理者的决心和毅力，反倒让人担心管理者的能力了，在经常抓、反复抓、持续抓的背后，会不会有人被经常坑、反复坑、持续坑？真要解决问题，应打歼灭战，不打持久战。

所以，信息发达便捷的今天，这个社会依然需要微服私访，这种工作重心下移的微服私访，还是有相当的现实意义的。

没有调查就没有发言权，把指挥部开到一线去，做研究、做调查，感受人间疾苦，寻找治病良方。

说说以前的微服私访。大家都看过《康熙微服私访记》吧，挺火，但这个恐怕不真。

据《康熙朝实录》记载，康熙本人并不赞同微服私访，大概有三点理由：

第一，怕人作弊，演戏给我看；

第二，大家都认识我，我微服私访也看不到实情；

第三，我想看到实情，不微服私访也有办法。

虽然如此，这样的电视剧老百姓还是喜闻乐见，看得津津有味。这个现象很有意思，所谓信息不对称，是双向的，上情不能下达，下情不能上达。

明代历史上有一位皇帝，以正能量的微服私访名垂青史，这里也值得一说。

明宣宗朱瞻基有个习惯，就是祭皇陵时不讲排场，一路轻装简从，就怕扰民花钱。有一次，他祭陵后路过昌平，看到几位农民在耕作，一时心血来潮，就扮作路人甲，亲手接过农具，学着耕作了一轮，累个半死。

一聊家常，无意中得知了不能想象的民生：别看朝廷一直在减农民负担，可农业生产太辛苦，一年到头也只够糊口而已。

朱瞻基回到宫里，立刻写文通告全国，告诫官员们要爱惜民力，更强化福利政策。他在位的时代是明朝"藏富于民"国策的开始，社会经济蒸蒸日上，史称"仁宣之治"。

失去信用，寸步难行

> "卑鄙是卑鄙者的通行证，高尚是高尚者的墓志铭。"（北岛）

"失去信用，将寸步难行！"这则公益公告由中央人民广播电台经济之声与"信用中国"网站联合推出。很多人评价，呼唤讲信用太必要了，这个呼吁振聋发聩。

原来，这则公益广告来自真实的案例。欠款老赖留美不归，实有其人，实有其事。

2016年6月，深圳某公司到法院起诉这位孙先生拖欠物业管理费3万多元。法院判赔。结果，这孙先生不仅不交，还玩人间蒸发，找不到人了。于是，法院把他定为失信被执行人。

很快，孙先生浮出水面，主动要求还钱。怎么回事呢？此君身在美国，想买机票，却无法购买。因为上了黑名单，买机票受限制了。孙先生于是急急忙忙主动要求还钱，不还钱家都回不了。这个案例非常典型，真的是"失去信用，寸步难行"。

根据法律规定和相应失信联合惩戒机制，一个失信被执行人行动将处处受限制。截至2016年底，全国法院共限制615万人次购买机票，222万人次购买动车、高铁票；限制失信人担任企业法定代表及高管超过7.1万人；仅中国工商银行一家就拒绝失信人申请贷款、办理信用卡55万余笔，金额达68.1亿元。

"失去信用,将寸步难行!"换句话说就是,信用,才是人身自由的通行证。

说到通行证,曾几何时,"卑鄙是卑鄙者的通行证,高尚是高尚者的墓志铭。"我们看到,这些年很多失信者招摇过市,中国企业每年因为失信造成损失巨大。有多少呢?6000亿元。这是个非常惊人的数字。

现在的焦点问题是,失信如何惩戒?这涉及联合惩戒机制。

从国家层面是有的。国家发改委与人民银行会同50多个部门早已建立了守信联合激励和失信联合惩戒机制。

全国信用信息共享平台也建立起来了,已联通37个部门和所有省(市),累计归集各类信用信息超过6.4亿条。但这些还不够,必须把民间的力量联合起来。

这其实是两套评价系统:政府层面,用法律、制度、大数据来评价;民间,用道德、正义、公序良俗来评价,相辅相成。三寸舌尖上有蜜糖,悠悠众口里有风暴。

最后,我说一说惩戒,惩戒是为了保护。提高失信成本,是为了减少失信的发生。

我有两个呼吁:

一、呼吁政府层面,信用信息尽快全面联网,信息共享。

信用信息孤岛越少,失信者的生存空间就越小。这一点,大家可以关注"信用中国"网站,这是政府权威门户网站,褒扬诚信、惩戒失信,社会公众都可以到那上面查询信用信息和严重失信企业"黑名单"。

二、呼吁民间层面,停止"互害模式",迷途知返。

比方说老赖,你今天赖别人,明天别人赖你。失信也将成为多角债,一损俱损。失信的制造者,便是下一个失信的受害者。多一个人讲信用,就少一个人受损害。何乐不为呢?

"良心债"是什么债

> 良心债,其实是失信的隐性成本,就连骗子也会有所忌惮。

您知道失信有隐性成本吗?我曾经说过一个数据,中国企业每年因为失信所造成的损失达6000亿元。这是显性成本。我今天要说的是失信的隐性成本,并非都能用金钱衡量。

听说患者千里还债的故事吧?这个人叫张广怀,曾经在南京某医院接受过心脏病治疗手术,花了很多钱,欠了医院3万多元。

张广怀家里非常困难,和妈妈商量之后,决定贷款把钱还上,不远千里从贵州老家专程到这家南京医院,把医疗费送过去了。医院特意给他颁发了一个"诚信患者"的荣誉证书。

你听人家张广怀妈妈怎么说:"做人要讲良心,我们不能拍拍屁股走人,一定要还债。"良心债,其实就是失信的隐性成本。讲诚信的成本不小,但是失信的成本更大,会良心不安。所以,与其说他们讲诚信,不如说他们讲良心。

烟台有一位市民王先生,最近去买羊肉,28元钱。他掏出100元,摊主找不开。"得了,你下次给我就是了。"摊主很爽快。王先生再次去菜市场的时候找不到摊主了。这下王先生坐不住了。"人家对我这么信任,我怎能辜负别人的信任呢?"

实在找不到,只得向媒体求助,说什么都要找到摊主,把钱还给人家。

我曾经历一件类似的事。有一次，我在地铁边买了几串糖葫芦，15元钱。一翻钱包，居然现金不够。摊主非常大方，说："你改天再经过这儿，给我就得了。"

后来，我一直觉得是个事儿，饭吃不好，觉睡不香，我当时想，人家这么信任我，可不能辜负了人家。直到把钱还了，这心才放肚子里了。

所以，从这个角度讲，良心债实际上是非常重的。

有人就要问了，这世界上有那么多骗子，怎么解释？难道他们就不怕背上良心债吗？

我要告诉你，就连骗子也会有所忌惮。有媒体报道，这些年，骗子呈现出区域性分布的局面，我就不一一点名了。

就是这样一些没底线的人，还是有个共同特点，就是兔子不吃窝边草，"只骗外地人，不骗本地人"，常常是以"同乡组团"群体犯罪的形式流窜到各地作案，得手后又回乡销赃躲藏。

也就是说，这样的人也怕失去周围人的信任。我相信，午夜梦回，骗子也会受到良心的审判，他们也会有良心发现的那一天。

由此，我要说到以前的农村，人们通常说话算话，很少赖账。每到春天，会有买卖小鸡小鸭的商家来，没钱没关系，可以赊账。怎么赊账呢？没有契约，不立字据。只等一群人围拢过来，你十只、他二十只就可以赊账了。等秋天的时候收账，不怕你赖，当时那么多人都是目击证人，你要是赖账的话，你名誉扫地，以后恐怕在村里就很难混了。

在我们这个地球村，让失信者付出高昂成本也是大势所趋，应有之义。

神户牛、拉菲酒,谁在吹牛?

> 不吹牛,才是真的牛。

神户牛肉是吹牛吹出来的吗?媒体披露,所谓神户人养牛时给牛按摩、喝啤酒、听音乐不过是一种炒作。

在1935年的东京全国肉用畜产博览会上,一头松阪牛得了冠军,它的饲主叫道端长松。道端的孙子后来在采访中说:"我的祖父非常爱牛。一有空就会去牛舍里帮牛做按摩,跟它聊天。为了给牛增加食欲,还会给它喝啤酒,这样肉质也会更柔软,更容易形成霜降花纹。"

这个未经科学验证的养殖小技巧被养牛者模仿起来。日本大大小小的牛肉商标、牛肉品牌都把它当作品牌故事炒作。

事实上,神户人不养牛,神户并不产牛肉,世上并无"神户牛"这样的品种。所谓"神户牛肉"是来自一种叫"但马牛"的牛。但马是神户周边的一个小地方,有着霜降花纹的但马牛肉非常美味。

而且,神户牛肉仅占日本牛肉消费总量的0.16%,出口量极少。在中国吃的神户牛肉全是假的,因为神户牛肉从未到过中国。在中国,不但神户牛肉是假的,所有"日本牛肉"也基本上都是假的。

其实,自2002年日本发现疯牛病案例后,中国就禁止进口日本牛肉,现在也没有开禁。准确地说,在中国的所谓神户牛肉不是假的就是走私的。

类似假货傍名牌现象还有拉菲酒。

新华社报道,中国人一年喝掉"拉菲"十年的产量。可想而知,有太多假酒。

浙江省工商局局长郑宇民曾质疑说:"有那么多拉菲吗?大拉菲、小拉菲、正牌副牌拉菲,传说是拉菲,传奇也拉菲!大拉菲一年产量是多少?24万瓶,三分之一到亚洲市场,到中国充其量5万瓶,而销售多少?200万瓶!"

以后,我们如果再听到有人炫耀"我只喝拉菲酒,吃神户牛肉",你尽可一笑了之。吹,你就吹吧。

众所周知,网购平台是假货泛滥的重灾区,各种名牌餐饮的"高仿"品甚至在网上公开打出广告销售。

新京报记者曾在淘宝、天猫、京东调查神户牛肉、燕窝、松茸、海参四种"奢食品",发现同种商品的价格之差甚至高达30倍,以假乱真、傍名牌、虚假宣传等乱象丛生:一直被禁的日本神户牛肉原来多是澳大利亚牛肉;近两年才刚解禁的进口燕窝,网上也涌现大量水货,非正规渠道的燕窝进货价仅7元/克;长得相似、实则不同类的姬松茸则常被拿来冒充昂贵的松茸……

难道吹牛不上税吗?如果吹牛的不付出代价,消费者就要付出代价。老马以为,为防病从口入,我们也应该考虑对吹牛上税。让吹牛的牛没有市场,让鱼目混珠者付出代价。网络虽大,不该成为法外之地。

人为财狂：多少资本在"击鼓传花"

> 比金丝楠更珍贵的，是八风不动，持守本心。

金丝楠乌木，这是我国特有的珍贵木材，相当昂贵，一度被称为"最疯狂的木头"。

前些年，一根金丝楠乌木被炒到几千万元。但诡异的是，近两年价格骤降，呈现高台跳水之势，现在2万元1吨也少人问津，凤凰变乌鸡了。这个现象耐人寻味。

简单梳理一下金丝楠的前世今生：放在十多年前，村民们挖出金丝楠木经常用来烧火，几千元一车都没人要。

但自2011年以来，金丝楠行情看涨，成了资本追逐的对象。到2013年高峰时，市场上一根金丝楠乌木的价格被炒到了几千万元。2014年底，金丝楠乌木市场又突然整体遇冷，从每吨8万元急剧下跌至现在的每吨2～3万元。

说起来，金丝楠再怎么珍贵，也是木材。但如此天上地下，冷热无常，用"疯狂"来形容毫不为过。

类似的现象还有很多，从郁金香热到君子兰热，从翡翠热到红木热，太多疯狂的花和疯狂的石头，也让人觉得不可思议。

比如说翡翠热。赌石，是一种独特的高档翡翠原石交易方式，兴起于滇缅边境，它以其赌博色彩浓、刺激性强、风险大吸引了众多玉商参与。

一块翡翠原石由于其外面有一层硬壳,只有剖开以后才知道好坏。一刀切下,里边色好水足,顿时价值成百上千万元;倘若石头无色无种,瞬间变得一文不值。

真是"一刀穷,一刀富,一刀穿麻布",上演了太多一夜暴富或血本无归的故事。

现在我们就要问,资本市场到底上演了多少"击鼓传花"的游戏?资本为什么如此疯狂?对于金丝楠乌木的跳水,一些经销商、收藏投资人认为,其中一个重要原因,就是前几年社会大量资金炒得过热,提前透支了后来几年的上涨空间。

另外,金丝楠乌木开发利用的价值大小,有很大的不确定性,让一些谨慎的资金选择了退出。

有什么规律可循?老马以为,那就是资本人为炒作热点,常常悖离价值规律,呈现非理性的一面。不论是木头还是石头,常常莫名其妙地火起来,莫名其妙地冷下去,像极了一场"击鼓传花"的游戏。

"击鼓传花"游戏在资本市场是不传之秘。

你看,一家上市公司在许多人的手中反复重组,每一个重组方进入上市公司的意图非常明确,就是谋取高额利润;你看,在高昂的房价面前,很多人争相购买,又争相转手抛出;你再看,在一些"庞氏骗局"面前,很多人明知不可为而为之,心存侥幸自己不是接盘侠。

在击鼓传花的过程中,其实有一个微妙的心理在起作用,就是"赌性"驱动,每个人都赌自己不是最后一棒,从而导致非理性投资现象,一盆花值一栋楼,一块石头好几百万元。越是超常规,越是刺激资本的赌性,前仆后继。

赌石的市场常常流传这样的故事,什么人花几万元买到了几百万元的石头,一次赌石让"破烂王"变身珠宝大亨,而那些赔得底掉的故事也许更多,却被有意无意淹没掉了。

对于金丝楠乌木市场的高台跳水,有分析认为,其实只要是商品,就一定有其内在的价值规律,任何偏离价值规律的价格暴涨或暴跌都会在未来回归理性。这样的价值回归,何尝不是对资本市场"赌性"的一种治疗呢?

世界喧嚣,人为财狂。金丝楠虽贵,却毕竟有限,比金丝楠更珍贵的,是八风不动,持守本心。

文玩市场盛极而衰,谁是背后推手

> 看似火热的市场背后,早已蕴藏着风险;看似起起伏伏的价格背后,是经不起诱惑的人心。

以前我说过天价金丝楠乌木高台跳水。消息传来,曾备受资本青睐、火爆了多年的文玩核桃也面临类似窘境,坐着过山车一头栽入市场谷底。事实上,这是整个文玩市场的不景气。

业内人士认为,文玩市场的衰落与经济大环境下行密切相关。但今天我要告诉你,这背后实则有一只"看不见的手"在起作用。

第一个故事:文玩核桃市场的"赌"与"骗"

国内这一波文玩核桃热始于 2000 年,2008 年以后,文玩行业发展猛然加速,成就了很多一夜暴富的神话。但昔日一对文玩核桃价格上万元,今朝身价跌至几十元,为什么?有人说,是因为盲目种植,供大于求。这没错,但也和文玩核桃市场的"赌"与"骗"大有干系。

文玩核桃市场嗜赌。业内有"赌青皮"的做法,花上几百元选出一对青皮核桃,配对;还有"包树"的做法,整棵核桃树花几十万元包下来,看眼力,也赌运气;至于被投机者纳入投机炒作的范畴,市场开始"击鼓传花",一对顶级品核桃三四十万元,价值相当于一辆豪车，此时就更是赌性驱动不能自拔了。

文玩核桃也败在一个"骗"字上。据说，现在的文玩核桃95%都是嫁接的，上夹板、套模子已是业内公开的秘密。更有甚者，用核桃粉做核桃，你想要三棱、四棱甚至五棱都没问题，消费者花大价钱得来的却是一件精美的"手工拼接品"。这样的文玩核桃能走得远吗？

第二个故事：花40万元赌3亩地

按照业内人士的说法，对于金丝楠、崖柏这类木材，巨量游资都来自福建、广东，那边有高档木质家具基地，他们要把这个作为一个推手，他们手里的资金量也大，在不停地寻找合适目标。

2011年天价乌木事件引起了他们的注意。一根金丝楠乌木几千万元，这吸引眼球，开始爆炒，让大家误以为金丝楠已经绝迹了。于是大量游资进入炒作，投资者蜂拥而上。商家多，囤货也多，梦想一夜暴富的人也多。

但金丝楠乌木是不是这么稀罕呢？不是，实际上四川的青城山有很多。在那前后，有人跑到四川的山区去"赌地"。

所谓"赌地"，就是看好了老乡的一片山地，预判地下会埋藏乌木若干，然后出大价钱把地包下来挖掘乌木。

为此，有位叫于东兴的资深文玩投资者花40万元赌3亩地。结果那块地一层层的全是乌木，挖出来的乌木都堆成了山。后来的金丝楠高台跳水，也和这种木材大量在市场上出现有关。

第三个故事：崖柏的资本游戏

据说，广东玩家玩崖柏比较早，但炒家则主要来自北京、福建。有市场人士回忆，崖柏串品本来知名度很低，一切都源于几次展览。

2011年，在北京一场木雕展览会上，一件名为"飞龙在天"的崖柏木雕标出3.8亿元的天价，震动了全国文玩圈，迅速提升了崖柏的知名度。随后，有人翻出了《本草纲目》等传统医书，论证这是一种具有特殊保健疗效的奇材，并引发了资本的疯狂收购。

在此气氛下，不少消费者稀里糊涂地当了推手，很多产品就这样"烂在手里"。你看，消费者也会扮演幕后推手的角色。

第四个故事：普洱茶神话的破灭

这个故事会告诉我们庄家坐庄的完整路数。1997年到2007年，普洱茶经历黄金十年。来自广东、香港和台湾的三股力量，将股市的招数用到了茶市。茶厂和经销商联合坐庄，稀缺的普洱茶因此从普通消费品不动声色地成为茶商的赚钱工具。

炒作路线有着十分周密的计划：2000年前后，进入大陆的港台茶商首先雇用大批收茶人前往云南各地收购老茶。三年左右，每个庄家至少拥有数百吨存货，市场七成以上都被庄家控制。

垄断资源后，庄家介入云南茶厂的并购重组，牢牢控制了上游生产厂家。稀缺性和不断高企的价格吸引了众多散户入市，但庄家却有条不紊地逐步出货。

随着炒作资金的撤离，茶市迅速崩盘，跟风进入的散户、企业和茶农都成了这场游戏的牺牲品。

由此，我们看庄家坐庄的路数：先是制造紧张气氛，垄断市场，随后吸收散户资金，最后撤离。众多散户的钱就这样无声无息地被卷走了。

说到这里，我来解释这只"看不见的手"。简单来说，是供求关系。供求关系决定着供给增加还是减少，价格上涨还是回落。具体而言，也能看到投机客在暗中操作，左右市场；散户在追涨杀跌，推波助澜。

莫出奇葩规定，离散了人心

> 大多数奇葩规定，都显得霸道了一些，随意性大了一些，人治大于法治的意味浓了一些。

听众"宁静致远"求助：真受不了他们，忍无可忍。

原来，她在一家公司做文职工作。公司但凡组织活动都强制员工参加，不参加就得交所谓"爱心款"，多则200元少则100元，相当于变相罚款。据说，她们老板喜欢骑自行车，就经常组织爬山、骑车。三年了，实在受不了了。周六占用公休时间，还这么霸道，哪有这样的道理。

的确，很多奇葩规定显得不可理喻。未按规定时间怀孕罚款千元、上厕所不得超过十分钟、男员工必须理寸头、办公室恋情须看年资……等等。

不过，也有一些奇葩规定并非全无道理，例如，有公司禁止女同事穿高跟鞋，理由是走路声音太吵。

去年我参加高中同学会，有一位男同学说，当年我最恨某某女同学，因为她总爱穿高跟鞋。每次晚自习，人还没到，走廊就是一片噔噔噔，一下子就把我的美梦给吵醒了。哦，敢情，这位老兄上课睡觉。

那么，公司不让穿高跟鞋，会不会是有人在上班睡觉呢？

想起一首诗来:

> 打起黄莺儿,
> 莫教枝上啼。
> 啼时惊妾梦,
> 不得到辽西。

说的是美梦让鸟叫给搅和了。作这首诗的人是唐朝诗人金昌绪,生卒年不详,身世不可考,只留下这首诗《春怨》,就奠定了自己在诗歌史上的地位。

这告诉我们,唯美食与美人不可辜负,唯黄莺儿和高跟鞋不可原谅。

苏州有公司规定,只要吃饭剩了两粒米以上,就要被扣钱,而扣一次钱就要被记过,记过超过两次还要被开除。这规定的发心不错,别浪费粮食。

岂不闻《悯农二首》吗?

> 春种一粒粟,
> 秋收万颗子。
> 四海无闲田,
> 农夫犹饿死。

但这样的规定,可执行性有问题,我估计真执行起来,公司数米粒的人一定会累得半死。

说到底,大多数奇葩规定都显得霸道了一些,随意性大了一些,人治大于法治的意味浓了一些。有的甚至越过了法律的边界,可以治安拘留了。

再说一则奇葩规定吧。

有人在上海某家通讯代理公司上班遇上了一个奇葩老板，大概因为公司内部最近有些动荡不安，人心涣散，老板一怒之下制定了苛刻的公司管理条例，规定员工在办公室区域讲家乡话超过五句者就被开除。

这条规定，我们要学习的历史典故是"道路以目"。什么意思？人们在路上遇到了，不说话，只是用眼睛示意一下。

这是周厉王时期发生的事情，与民争利，以至于民怨沸腾。厉王说："嘿，还反了天了，收拾他们。凡敢说我坏话诽谤朝廷的人，即下狱处决。"

这样一来，举国上下谁还敢说话？你知道哪句引来杀身之祸啊。周厉王高兴地对臣子说："你看，百姓都老实了吧。"结果，他的臣子说了一句很高明的话："防民之口，甚于防川。"这事其实很危险啊。

让臣子说着了，有一天，老百姓终于忍无可忍了，自发地组织起来攻入王宫，把暴君赶下台去。

你看，那家通讯代理公司，害怕员工讲家乡话是多么虚弱的表现啊。

听老马一句劝：莫出奇葩规定，离散了人心！

治水，堵还是疏？

> 虽然很多政绩埋在地面之下，但时间会证明，哪里的水利是豆腐渣，哪里的工程是良心之作。

人禹的父亲鲧用堵的方法治水，失败了；大禹治水，带领众人开渠排水、疏通河道，成功了。时至今日，治水"堵不如疏"已成共识。

但今天，何以水患依然不绝？一发水便一片汪洋，尽是水乡泽国；一下雨就进入"看海模式"。水患，实乃全国人民心头之患。怎样治水防涝，可有破解之道？

北京大学建筑与景观设计学院院长、"海绵城市"专家俞孔坚教授提出："最好就地解决水问题，就地调节旱涝，而非转嫁异地。"他说，"把灾害转嫁给异地，是几乎一切现代水利工程的起点和终点，诸如防洪大堤和异地调水，都是把洪水排到下游或对岸，或把干旱和水短缺的祸害转嫁给无辜的弱势地区和群体。"

可是，从古至今，这种以邻为壑的做法还少吗？我想起一段公案。

战国时期，东、西周国之间就曾发生一次水利纠纷，闹得动静挺大。东周国为了发展农业，准备改种水稻。西周国在高处掌握着水资源，知道东周国改种水稻的消息，坚持不给其放水。

最后，还是苏秦的弟弟苏代巧舌如簧说服西周，解决了水利纠纷，并且拿到了双份奖金。苏代是如何晓以利害的呢？他对西周说："你们给东周放水，让他们顺利地改种水稻。改种水稻常年都需要水，这样，东周的经济命脉就掌握在你们手里了。他们时刻都得仰仗、巴结你们。"

西周人听了，有道理，放水！

由此看来，若没有责任担当，水可以成为祸水；若有共赢思维，水便是生命源泉。毫无疑问，顺势而为，就地解决水问题，而非转嫁异地，无疑是一条高明的破解之道。

怎么就地解决水问题？这方面我国有很典型的案例，就是江西赣州的福寿沟。那是宋朝的排水系统，至今仍然大显神威。近年来，同遭暴雨袭击的赣州，却"没有一辆汽车泡水"。

福寿沟的厉害之处，从外部结构看，与城内三大池塘、几十口小塘连为一体，形成了一条生态环保循环链。遇暴雨，它可调节雨水流量，减轻下水道溢流；江水回灌时，这些池塘又成为天然的蓄水池。

还有一大特点，从内部结构看，在出水处"造水窗十二，视水消长而后闭之，水患倾息"。这12个水窗，闸门借水力自动开启和关闭，可防江水倒灌，十分巧妙。一个福寿沟，历经近千年，依然护佑着一方的安宁。

治水防涝的第二种思路，放下对抗式思维，因势利导。

俞孔坚教授认为，从当代的生态价值观来看，与大自然相对抗的集中式工程并不明智，也往往不可持续。那种集中式大工程，如大坝蓄水、跨流域调水、大江大河的防洪大堤、城市的集中排涝管道等，在某些情况下是有必要的，但失败的案例并不少。

难怪美国这些年来一直在拆除水坝，这何尝不是一种自我反省呢？在过去二十几年里，美国近900座水坝被拆除，相对于200多万座水坝的总量而言，并不算多，但也代表着现代环保运动的胜利。

环保人士说,随着大坝被拆除,大自然复原的速度令他们吃惊。你看,在湍急的锡巴斯蒂库克河里,成千上万条灰西鲱的银色脊背在水中时隐时现。那些水坝被拆除,一些是出于安全考虑,一些则是因为维护成本太高,大多数情况下,拆除水坝是为了恢复河流的原貌。

当年,水坝被视为现代工程的壮举,是人类改造大自然的标志,现在却受到质疑,连同被质疑的,还有"人定胜天"的观念,这样跟大自然的对抗式思维是否可取呢?

第三种思维,综合环境治理,看眼前,更谋长远。

这方面,荷兰是典型的例子。他们建造的荷兰拦海大坝可称为世界抗洪史上的巅峰之作,规模宏大的三角洲工程,据说可以抵御万年一遇的洪水。

在内河的治理上,荷兰政府做了一件和祖辈相反的事情——将部分土地还原,他们恢复河流、湖泊,以增加河水流通的空间。这无疑是一项庞大的综合性工程,需要决心和勇气,也需要长远的眼光。

再想想赣州的福寿沟吧,900多年前,地方官刘彝该是怀着怎样的远见和心力亲自设计并付诸实施呢?那时,他组织这么大的地下水利工程,是否因为过于辛苦而有所动摇?是否有过急功近利之心,也想拿点"提成"要个回扣什么的呢?

公正啊!虽然很多政绩埋在地面之下,但时间会证明,哪里的水利是豆腐渣,哪里的工程是良心之作。"自古不谋万世者,不足谋一时;不谋全局者,不足谋一域。"这句话用在治水防涝上也非常合适。

青岛排水神话的真相

> 治水，我们并不缺少智慧和方法，
> 我们绝非一无是处，不要妄自菲薄。

青岛的下水道真的那么神吗？这源自网上疯传的德国造青岛排水神话，每年都会被人拿出来说事，但此事早已被证伪。

真相是：德国的技术并非那么神，德国国内也仍受暴雨内涝的困扰。为此，可以看大量的德国本地媒体报道和相关照片，暴雨一来，德国体育馆随即变成了游泳馆，高速公路也水漫成河。

那么，青岛排水神话到底是怎样的？真相是，青岛排水系统的确强大。不过，青岛也会发生内涝，只是相对其他城市要好很多。

另一个真相是，当年德国人不是来青岛做慈善的，而是端着刺刀来到青岛的。这套公认的强大的排水系统非但没有造福于百姓，相反是彻头彻尾的灾难。

德国人在青岛德国居住区"雨污分离"，排到华人区就是"雨污合一"，雨水污水经过加压后，一股脑往华人区排。所谓强大的德国排水技术，就是青岛平民百姓几十年的糟心生活。

那么，青岛"德国造"排污排水管道到底占多大比重呢？

青岛今日的排水管道总长超过3000公里。但"德国造"仅存约3公里，相比整个排水管网占比不足千分之一，九牛一毛。

如果说青岛排水设施是一个神话，那也是"中国制造"的神话。这是非常提气的看点。

青岛经验何在？在我看来，一是改造力度大，二是技术先进，三是深具前瞻思维。

早在新中国成立伊始，青岛就完成了一场震撼全国的巨大工程：1953年青岛大港纬路明沟改造。这个臭水沟就是德国排水系统造的孽，虐了青岛人几十年，这下不但被一口气填平，更完全参考德国技术，把明沟改成了暗渠。旧址之上还建成了街心花园。一举多得，当时被当作全国典型，推广到各省学习。

要说前瞻思维，自20世纪80年代起，和各大城市一样，青岛也在扩张，可青岛的城市扩容，每一个步骤都是排水系统先行。排污排水管道铺好了，其他项目才跟进。这一操作太有远见了。否则，一步赶不上，步步赶不上。

其实，回顾历史，老祖宗也给我们留下了太多的经验可循。且不说我此前提过的赣州福寿沟，900年后的今天依然发挥着作用；也不说紫禁城的排水系统，500多年来几乎不见暴雨积水记载；就看看北海团城地下集雨排水系统，距今600多年，无论雨下得多大，在团城上只是雨过地皮湿不会产生径流，这有多神奇。

北海团城号称"世界上最小的城堡"，270多米长的城墙没有一个泄水口，地面上没有排水明沟，无论下多大的雨，这个城池上只是雨过地皮湿，很快渗得一干二净。

青岛排水系统神话和我国众多排水设施告诉我们一件事：治水，我们并不缺少智慧和方法，我们绝非一无是处，不要妄自菲薄。更无须气馁，只要我们用心，再用心一点，同样可以排除万难，造福一方百姓。

真心期望，官员的政绩考核能建立一套地下水利工程考核标准。这些政绩，别看我们平时看不见，但大雨一来，举世都能看见；别看平时看不见，但子孙会因此蒙我们的福，或遭我们的罪。

婚姻货币化成社会公害

> 古代婚俗,七去三不去五不取,基本不谈钱,只谈感情谈品德。

现在,感情世俗化、婚姻货币化的确成为一大社会公害。

河南汤阴县,有新郎在新婚之夜因天价彩礼锤杀新娘。因为这一悲剧,多个地方的天价彩礼现象进入舆论中心。如今动辄十几万元甚至几十万元的婚嫁彩礼让不少农村青年"不敢娶""娶不起",一些家庭不得不举债结婚。媒体曾对黑龙江、福建、江西、河南、陕西等地农村进行了调查,30年来彩礼费翻了几百倍,不少农民因婚娶返贫。

宁夏西海固流传一首打油诗:"好不容易攒点钱,娶个媳妇全抖完。一次花了几十万,外债不知何时还。"很鲜活。"穷讲究"最后变为"讲究穷"。

更可气的是,依据学历、长相给女性彩礼明码标价。河南吕楼村就这么干,本科15万元,大专12万元,中专10万元……可是,嫁女儿不是卖女儿,结婚也不是商品交易吧?

诡异的是,越穷彩礼越高,为什么?有分析认为,是农村根深蒂固的习俗、面子人情文化以及攀比心理作祟。

其实,说到底还是经济问题,从经济学"差价"理论看,我国有一个特殊背景,新生儿性别比失衡,男多女少。所以,要校正重男轻女思想。

还有一个原因就是城乡差距,很多女孩子不愿意留在农村,更愿意嫁到城市。你看,"供求"失衡了。

所以,要解决的话,最根本的办法恐怕还是改变贫穷,改变导致贫穷的落后思想。

我要说说古代婚姻法了,七去三不去五不取。西周确立,唐代正式入律法。

先说说"七去三不去"。这是指婚后哪七种情况可以休妻,哪三种情况不可以休妻。

什么是"七去"?不事舅姑,去,不孝顺不行;无子,去,没有子嗣不行;淫,去,生活作风有问题不行;妒,去,总吃醋,家庭不和睦不行;还有三样,有恶疾,去;多言,去;窃盗,去。

再说说"三不去",这就更有点意思了。

三种情况下你不能休妻:

一、有所取无所归,指妻子无娘家人了,你不能休;

二、与更三年丧,妻子曾给公婆服丧三年的,你不能休,这么贤良淑德的媳妇你好意思休?

三、前贫贱后富贵,丈夫娶妻时贫贱,但后来富贵了,敢休这样的妻子,真是丧尽天良了。所以,知道陈世美怎么死的?是给骂死的。

那么,"五不取"是什么?就是五种女子不能娶:

"逆家子不取",叛乱家庭的女子不娶;

"乱家子不取",爹妈生活作风不好,不娶;

"世有刑人不取",祖上有人进过监狱,不娶;

"世有恶疾不取",有家族遗传病不娶;

"丧妇长子不取",如果是家中长女,婚前母亲死了,她就嫁不出去。这是什么缘故呢?是怕这样的孩子没有教养,还是谨防弟弟妹妹无人照顾?

有人指出，如今时过境迁，男权社会似乎变成了女权社会。"五不取"变为"五不嫁"，同样是看对方的家庭。没车不嫁，没房不嫁，没权不嫁，没存款不嫁，没事业不嫁。最好"有车有房父母双亡"。可是，这样的"五不嫁女子"你敢娶吗？

所以，别以为这一古代婚俗全是男权主义，压迫女性，显得不公平；这里面也有特别值得发扬光大的地方，很多美德在今天也不过时。尤其这"三不去"，如果说"七去五不取"赋予了男性权利，那"三不去"则强调了男性的义务。有钱就变坏，没事换媳妇不行。

尤其值得深思的是，这古代婚俗中，七去三不去五不取，这么多条基本不谈钱，只谈感情谈品德，对于今天那些"嫁女儿如同卖女儿"的不良婚俗来说，实在是莫大的讽刺。

[第八辑]

人品是最高学历

观教育价值

万物都可物联，人不可物化

> "我们不要一个被科学游戏污染的天空，我们不要被你们发明变成电脑儿童。"（罗大佑）

"叮咚！"门铃响了，是快递小哥。

原来，朋友从烟台给我寄来一箱大樱桃。快递小哥送货之后，还不忘说一句"打扰"，我则说一声"谢谢！"像这样收寄东西，我已习以为常了。

不由得想起第一次接触互联网的情景。二三十年前，有人告诉我，将来可以足不出户，在网上买东西，东西很快就有人送上门。我哈哈一笑，这实在是天方夜谭。

那么在未来，虚拟现实设备会大行其道吗？足不出户，穿梭于各个虚拟场景：时而在商店的衣帽间里试穿新衣，时而在诊室里和医生面对面交流，时而在足球场上观看比赛，时而化身为新闻事件的"现场目击者"……

这些恐怕并非幻想。这简直是可以预见的未来，而且即将扑面而来。

我们不能不承认，科技正在改变生活。这种改变至少包含两个层面，虚拟的越来越真实，真实的却越来越虚拟。

"虚拟的越来越真实"，这是世界信息产业的发展方向，是实物互联网正在创造的"万物互联"的前景，虚拟现实设备的极大发展只是其中一种。可想而知，当万物互联、万物感知的设想一步步变成现实，未来，我们生活的世界会多么酷炫。

但是，"真实的越来越虚拟"，却让人乐不起来了。君不见少年们沉浸在电玩里乐不思蜀、低头族们忙于微信聊天，却对父母渴望交流的眼神视若无睹；君不见夫妻们用手机沟通"今晚谁刷碗"，彼此共处一室，形同陌路……

万物都可互联，但人怎可"物化"呢？科技可以虚拟，但真情实感、真心真意、真知灼见怎可虚拟？一想到这些，对虚拟设备还是保持适当距离为好。

事实上，对高科技保持疏离感的大有人在。当高科技悄悄入侵教育的营盘，一股反科技的思潮正在美国兴起。

据《纽约时报》报道，包括谷歌、苹果等众多高科技龙头企业的精英，纷纷抵制高科技过早进入教室和家庭。这种现象很值得深思，抵制高科技最强烈的，反倒是"硅谷"父母、从事高科技的人。

理由是什么？他们认为，计算机会压制儿童创造力和身体发育，影响其人际交往能力以及注意力的广度和强度。

其实，这一现象并不罕见，想想电视刚兴起时，人们不是也展开过激烈的争论吗？反对者认为，看电视过多会诱发儿童诸多问题，比如注意力不集中、思考能力受限、想象力缺乏。

不能不说罗大佑很有远见。1983年，电脑刚刚兴起，罗大佑就推出歌曲《未来的主人翁》，歌中唱道："我们不要一个被科学游戏污染的天空，我们不要被你们发明变成电脑儿童。"

生活在高科技时代，享受着高科技给我们带来的酷炫生活，我们未来的主人翁们，需提防"五色令人目盲，五音令人耳聋"。

此时，想到庄子。《庄子·天地篇》里说到一位种菜的老伯伯。老伯伯每次取水，要抱着水罐下到斜井里去，很是吃力。

孔子的学生子贡看到了，主动上前，说："我教你一招，做一种机械打水,就不用这么累了。"没想到老人家一点不领情,说了几句话让子贡羞愧难当。老人家说了什么呢?"有机械者必有机事,有机事者必有机心。"

在我理解,这并非反对科技进步,而是提示我们:警惕文明的变种,科技的异化。怎能因热衷于物件,而失去了心地洁白和心神的安宁呢?

你嘲笑的人，正活得比你幸福

> 教育成功，不看职业是否高大上，
> 看是否具备追求人生幸福的能力。

一个清华、北大的建筑专业高才生，毕了业，不当建筑师，去当了游戏主播，你怎么看待这事？

很多网民不能理解，给了她不少嘲笑和谩骂，诸如"白瞎一个清华北大名额""用游戏祸害人，真是社会的毒瘤"，等等。

这位女孩名叫石悦，曾是内蒙古地区理科高考状元，本科就读于清华大学建筑系，研究生则在北京大学深造。

对这事，她是怎么想的？她说了这样一句话，完全可以当格言："建筑师和游戏主播是两份职业，我个人没有认为孰高孰低，贵贱在自身，高低靠用心。"

听完这话，我更不能理解那些说三道四的人了，当事人只是选择了一个自己喜欢的职业，当事人家人也非常支持。一没违法，二没乱纪，我们凭什么样的底气嘲笑谩骂，对人家指手画脚呢？

类似的情绪激动，多少年前也有过。20世纪80年代，北大才子陆步轩毕业之后做起了卖肉的生意，社会舆论也一点没客气，对他极尽攻击，认为他给北大丢了脸。

可是这个陆步轩，他卖肉就是跟别人卖肉不一样，因为不掺杂使假，他卖的猪肉就是比别人多；后来创立"壹号土猪"品牌，2015年销售额超过10亿元，成为国内土猪肉第一品牌。而且，用互联网把这一品牌推向大众消费者。

你看，人家卖猪肉也卖出了北大水平。此时，还有谁有资格嘲笑陆步轩的选择呢？

恕我直言，这叫职业偏见。

很多人嘴里说着职业不分高低贵贱，但心里却有根深蒂固的职业偏见。以前职业划分为上九流、中九流、下九流，总共27种职业。你以为现在没有吗？织席贩履的刘备放到今天，可能依然被某些人瞧不起。殊不知，三六九等可不是这么分的。

吴敬梓的小说《儒林外史》里有这么一段：两个挑粪工边干活边聊天，一个对另一个说，等挑完这桶粪，我们先去永宁泉茶社吃口茶，再去雨化台看落日。主人公听到之后不禁感叹道："真乃饭佣酒保之流，行事皆有六朝烟水气。"

什么意思呢？下九流做的都是上九流的事。这两个挑粪工，职业虽然是所谓下九流，但做派和情怀却比上九流还上九流；反之，所谓上九流的职业，整天累死累活，蝇营狗苟，似乎也没什么高尚可言。

所以，入不入流不能看表面，不看穿着打扮、职业属性、混哪个圈子，而看你的内心追求是什么。

现在，该说说教育问题了。

面对媒体采访，游戏主播石悦对网友的谩骂质疑不仅没有表示出极大的愤怒，反而更多的是理解。这个高情商确实不简单。

在大学期间，她一直从事与网络游戏相关的工作，如制作游戏视频、分享游戏体验等。她说："在6年的视频制作和直播节目输出过程中，收获了很多观众朋友，他们时常给我鼓励，说我的节目陪伴他们度过了不同的时期，也带给很多人快乐。"

她还说："我从小到大热爱游戏，但爱之有度。有时候责怪某种媒介形式本身，不如去改变自己与之相处的方式。"这些细节，应该会改变很多人对游戏主播行业的偏见吧。

她又说，进入游戏行业以来，她结识了很多以前在学校不认识的学长学姐，大家聚在一起常调侃"不务正业"，但看得出大家都很努力，用心地在做自己热爱的事。

几年前，陆步轩回到母校，不好意思地说给母校丢脸了。可是，台下学子一片掌声，北大校长许智宏笑着说："北大毕业生卖猪肉并没有什么不好。从事细微工作，并不影响这个人有崇高的理想。""北大可以出政治家、科学家、卖猪肉的，都是一样的。"

我觉得，这才是教育家的胸怀。我们的教育培养的年轻人，如果具备追求人生幸福的能力，这才是教育的成功，而不在于他从事的职业是否高大上。

龙应台曾经说过一句话："孩子，我要求你读书用功，不是因为我要你跟别人比成绩，而是因为我希望你将来拥有选择的权利，选择有意义、有时间的工作，而不是被迫谋生。"

据我分析，以前人们选择工作，多倾向于铁饭碗，这是一种以生存压力驱动的功利化的职业选择。现在的一些年轻人，则以实现自我价值为驱动，所以，他们不会因为稳定、高薪的工作而轻易放弃自己的兴趣爱好和前途发展。

你看，这自由洒脱的一代，为自己的兴趣爱好而活，为人生自由和幸福而生。这样的职业选择，谁有资格嘲笑呢？

精致的利己主义者也是培养出来的

> 当我们掌握了人生的要义，赚钱是捎带的事；当我们拥有丰富的内心世界，何愁不能活出体面的人生？

某大学老师姓郭，主讲申论，他要求学生买他编写的申论教材，买1本加5分，买4本最多可以加20分。这事引起了很多学生的不满和质疑。

很多人说，老师这么做也太功利主义，私心太重了。还有人就问，怎么能把学校当成名利场，变相为自己捞金呢？

这的确有失公平，有失身份。这种明显离谱的事只是一种偶然吗？

《中国青年报》报道，在广西、湖北、福建等地开设的一些大学生就业指导社交礼仪等选修课，老师讲授的是什么？居然是官场礼仪。

比方说坐电梯的时候，应该让最大的领导站在靠里面的位置，旁边是第二领导，地位最低的呢，应该站在门口负责开关电梯。又比方说，和领导同桌吃饭，座次怎么安排、如何敬酒大有讲究。

大学老师把这样的知识当学问也实在让人不敢恭维，这样的处世哲学，传递的是怎样的价值观？

据新华社报道，有些高校领导争权夺利，教师争科研经费，学生心思不在求知。随着各种社会不良因素的流入，昔日的"象牙塔"有变身为"名利场"的危险。

"功利主义"在家长和学生身上体现得也很明显。有家长为了孩子能交一帮好同学，以后办事有硬关系，想方设法让学习成绩一般的孩子上名校。

一些学生一进入高校就表现出对当学生干部的浓厚兴趣。还没上大学，就开始打听，团委和学生会哪一个比较有前途？据说有新生还没正式报到，就把学校里主要领导、团委书记、班主任情况都摸得清清楚楚。

北大教授钱理群曾经遇到这样一件事。有一个学生一直跑来听他的课，听得非常认真，积极发言还全在点儿上，让钱老印象深刻。

有一天，这学生对钱老说："能不能帮我写封推荐信，我要去美国留学。"没什么理由拒绝，钱老写了封推荐信。回头呢，这学生再不来上他的课了，拜拜了。

钱老很受打击，你看看，他的这个行为都是从利益出发，精心设计，而且他是高智商、高水平的。钱老对此痛心疾首，他说："大学不能培养精致的、高水平的利己主义者。这样的人若被我们培养成接班人，这是最大的、我最担心的问题。"

钱老说得比较客气，其实，这已经不是一般的精致的利己主义者，这是处心积虑的钻营主义者或者投机分子。

钱老认为，这也不是这些学生自身的问题，是我们的实用主义、功利主义、虚无主义的教育所培养出来的，这是我们弊端重重的中小学教育、大学教育结出的恶果，这是"罂粟花"，美丽而有毒，不能不引起警觉。

钱老的担心并不多余。北大心理学专家、精神科主治医师徐凯文给出一个调查数据，北大一年级的新生，包括本科生和研究生，其中有30.4%的学生厌恶学习，还有40.4%的学生认为人生没有意义，最极端的做法就是放弃自己。

你能想象吗？这是在高考战场上从千军万马中杀出来的所谓"赢家"。这种空心病的核心问题是什么？徐凯文说，缺乏支撑其意义感和存在感的价值观。

可是，老师和家长是否把这样的价值观教给学生了呢？如果满脑子的功利主义，又如何提供这种意义感和存在感呢？

精制的利己主义者是怎么培养出来的？家长和老师的所作所为是否能够担当起这样的人生导师呢？

延伸开去，时下很多人在一起交流，动不动就是股票房子工作，很少谈论理想信仰追求，熙熙利来，攘攘利往。

夸大了物质的重要性，实则是精致的利己主义者的温床。这种认识是有误的。天体物理学家卡尔博士告诉我们：物质其实只占世界的5%，25%是暗物质，另外70%是暗能量。原来，那个暗物质和暗能量才是整个世界的主体；又原来，心占据了世界的大头。

为什么古人说君子谋道不谋食？当我们掌握了人生的要义，赚钱是捎带的事；当我们拥有丰富的内心世界，何愁不能活出体面的人生？

如何防止家族出现败家子

> 现代父母应该教育孩子三大财富能力：正确运用金钱的能力，处理物质欲望的能力，了解匮乏与金钱极限的能力。

江苏兴化有一位富家子弟赵东沉迷网游，负债累累。然后，偷了他爸爸的宝马车还债。事大了。他父亲思来想去，决定交给司法机关处理，希望"以惩罚为手段对他进行人生观、世界观的改造"。法院本着"惩前毖后、治病救人"的目的，追究了赵东的刑事责任。

有人说，这父亲心太狠了，自己儿子都给送进去了；也有人说，做得对，这样的不肖子孙是得让他长长记性。

这件事很典型。孩子已经长大成人了，好逸恶劳，游手好闲，挥霍无度，乃至于到了偷车还债的地步，是该教育教育。

可是，冰冻三尺非一日之寒，这孩子何以一步一步走到今天？他的三观是何时开始漂移的，做大人的也要负起相应的责任。

德国汉堡大学心理学教授迈尔思提出，现代父母应该教育孩子三大财富能力：正确运用金钱的能力，处理物质欲望的能力，了解匮乏与金钱极限的能力。这些能力背后最重要的思维，也就是为自己负责，自己解决问题。

你看，子女教育和财富管理可以是一回事，这就是财富教育。什么是财富教育？这是对应物质生活的价值观，比如，财富并非是一个人成功的唯一标志，对社会的贡献，人生的价值和意义也能表明个人是否成功。又比如，相比物质满足，心灵满足是更值得快慰的事情。再比如，不做精致的利己主义者，做一个诚实、善良的人，是更高的人生追求。

财富教育最重要的思维就是为自己负责。如果父母有求必应，孩子将来势必索求无度，永远不知道负责怎么写。孩子习惯于获得，却不知道背后的代价。所以，财富教育应该从孩子开始。

很多人老话重提，说富不过三代，这看起来像个魔咒。

相关数据也证明，国外只有 30% 左右的家族能传承到第二代，70% 的家族在第一代就消失，传承到第三代和第四代的分别只有 9% 和 3%。在中国，情况更不容乐观。

为什么富不过三代？众说纷纭。有人说，是因为富一代通常都痴迷于创造财富，但是富二代对创造财富没有那么强烈的欲望。有人分析，这是创业的第一代没能够清晰地处置家产，最后形成家族成员内斗，最终耗掉财富。还有研究发现，可能是家族成员和家族企业管理者的角色含混不清，对管理大型组织缺乏了解；还有就是缺乏财富管理，个人财富和企业资产不分，家族财富依赖于企业成败。

此时，我更关心如何防止家族中出现败家子？

我们可以参照一下犹太人的经验。犹太人连续 300 年富有的例子很多，第一个经验，首推犹太家庭对孩子良好的财富教育。

其中一项教育就是靠"读经"理财。犹太人对金钱有一个明确态度。他们研读文化经典，用文化继承财富，这正是富裕病横行全球时代的防疫抗体。

另外，犹太父母会让孩子很小就学习管理金钱，并让孩子了解金钱的局限性，有些东西是无法用金钱衡量的，孩子接触的价值观越多元，金钱就不会成为唯一的衡量标准。这种财富教育，似乎暗合我们中国人道德传家、诗书传家的要义。

还有一大经验，犹太人很重视财富管理，充分运用他们最擅长的"契约"，用信托来管理遗产，以信托方式照顾自己的亲人、族人。

通过信托详尽的规范，越优秀的子弟，可以得到越多的资源。例如，家族后代进入大学，可以领到若干资金；娶妻生子、创业，又可以领到若干资金。

反之，败家子就拿不到钱，因此一份庞大的家产不会轻易被不肖子孙散尽，可以留给更有出息的子孙后代使用。

看了那么多案例，老马以为，是时候该重视起来了，把财富教育列入我们的必修课，不要让开头说到的闹剧再次上演。

这样的黑锅，经典教育背不起

> "人法地，地法天，天法道，道法自然。"

时下出现一波反"读经教育"的声音。

事件的缘起是媒体的一个报道，有"读经少年"苦学十年最终却难以适应现代社会。孩子在本该接受中小学义务教育的年龄，被家长送去"读经"，最后甚至连字都认不全，和现实生活脱节了……

怎么看待这事？我对事实的基础很怀疑。按照报道中说的，这个郑惟生可以背诵20万字经典，也可以独立学习，每天午夜11点老师入睡后，仍打着手电筒偷偷读书。这样的孩子，难道识字会成问题吗？

不过，和社会脱节问题有没有？有。有些孩子读了一肚子经典却无法融入社会，无法融入体制教育，问题的确存在。现在某些读经机构把孩子关在某个地方，让孩子一门心思读圣贤书，与现实世界隔绝。可是，这就是经典教育吗？

真正的读书人，"风声雨声读书声，声声入耳；家事国事天下事，事事关心"。古人还讲"游学"，孔子当年带着弟子走到哪儿教到哪儿、学到哪儿。死读书读书死，不是真正的经典教育。

真正的经典教育不会和社会脱节，"人法地，地法天，天法道，道法自然"。要向书本学，向老师学，向社会学，向大自然学。

和体制教育脱节，有没有？这个问题也存在。目前看来，经典教育最适合的，是学龄前教育。最理想的，是在体制教育里开展经典诵读。

当然，我这个提法也带着某种"功利主义"色彩。想好处占尽，没有任何弊端，这样的教育恐怕目前还没有。所以，这个问题也不该由经典教育来背黑锅。

试问，那些一门心思接受经典教育的孩子，不正是因为对体制教育不满意才出来的吗？我倒认为，体制教育应该给经典教育提供更多的接轨通道才好。

应该说说什么是经典教育。

真正的经典教育主张从小诵读大量的经典文章，以古圣先贤为师，绝非仅仅读几本书了事。一切经典，如音乐、绘画、电影等，古今中外，凡人类最高智慧的经典文化都囊括其中。

南京师范大学文学院某副教授批评读经热：

读经教育有一个核心症结，即"死记硬背"。反对僵化的死记硬背，是常识之一。影响家长判断的也许是有许多学者大师从小背诵的事实。但这只是一个常识性的逻辑问题：学者大师能背诵，不等于能背诵就是学者大师。

这番话承认许多学者大师从小背诵的事实，却否认背诵，很有自相矛盾的嫌疑。历史上通过读经背诵培养出的学者大师实在不少。

另外，没有深入了解，怎么确定读经是"僵化的死记硬背"？古人讲六艺"礼、乐、射、御、书、数"，真正的读经，有音声之美，也融入音乐、书法等众多美育的内容，又哪里是"僵化的死记硬背"呢？

事实上，作为一种学习方法，记诵之学非常科学。孩子 0～13 岁是记忆力黄金期，而 13 岁以后，理解能力越来越强。在记忆力最好的时候多多背诵，有一天开悟了，一肚子的锦绣文章就变成了孩子的血液和筋骨。

这就像牛羊吃草，先吃很多的草，再慢慢反刍。历史上，这样培养出的学者大师不胜枚举。南怀瑾先生被公认为学问渊博，他说："我练的是'童子功'，这都是我13岁以前熟背这些古书的结果。"

南先生主张读儒家书必须诵读。"高声吟读朗诵起来，把自己的感情放进去，可以与书中人物打成一片。如读《论语》，有时好像自己就是孔夫子了，在无形中又是一项德育的潜移默化。而在生理方面，又等于做了深呼吸，练了气功。"

比尔·盖茨7岁的时候就能非常熟练地背诵《圣经》里面的《马太福音》，大约有3万字。媒体报道，背诵使他的记忆力得到了空前的开发，他也由此成为别人眼里的神童。比尔·盖茨说："人总是有局限，这个局限是受限于有多大的能力和意愿，读书就是突破这个局限最好的方法。"

现在，再来看时下的争议。抓住某个失败案例就否定整个经典教育，多么草率啊，这样也不公平。所以我说，经典教育背不起黑锅，我们不能以偏概全，一叶障目不见泰山。

同样的道理，难道我们体制教育里出现几个反常的孩子，就否定整个体制教育吗？

以读书好坏论英雄，马云首先不答应

"我愿天公重抖擞，不拘一格降人才。"（龚自珍）

高考状元真的是人才吗？

《2015年中国高考状元调查报告》给社会浇了一盆凉水，高考状元成才率其实很低。高考状元进入职场后，普遍"沦为"白领，在各自的事业上几乎没有什么大的建树，与当初人们对状元的预期相差甚远。

另外，经管专业的高考状元毕业后收入较高，但无人成为商界翘楚、行业领袖，胡润的"福布斯中国富豪榜"，高考状元也长期"缺席"。

我们对人才的判断和培养是不是出了问题？一考上状元，就成了人才，没这回事。这是"光环效应"，或者说"晕轮效应"。

当年，不是很多学校开设"神童班"吗？中国科技大学开启这一先河，专门招收智力超常孩子。1978年，一大批15岁上下的早慧少年来到了中科大的少年班，一时间名动天下。后来怎么样？因为班上几个大名鼎鼎的"神童"出了问题，有出家为僧的，有"自我封闭"的，有心理出现问题的，一时被议论纷纷。

中科大的不少老师说，正是当年媒体过度宣传，给神童幼小的心灵造成巨大压力，为天才的未来埋下了祸根。在中科大创办"少年班"后，北大、清华、复旦等国内 12 所重点高校都曾试办过少年班，但当发现少年大学生的总体发展水平不够理想之后，这些学校又陆续取消了少年班。

当年为什么要开设"神童班"呢？因为那时候有一个口号，"早出人才、快出人才"，这有点"拔苗助长"的意思。

其实，企业界也有"晕轮效应"。在 20 世纪 80 年代，有一位企业家马胜利，承包了亏损的石家庄造纸厂，扭亏为盈，一下子成了全国名人。得，到处逢人说老马，到处有人请演讲。后来怎么样？他可能是一时冲动，在全国承包了很多亏损的造纸厂。结果是一塌糊涂，一堆烂摊子没法收拾，自己也落得个冷冷清清凄凄惨惨戚戚。

现在，我们再来回答这个问题：什么是人才？

还是一个姓马的人。高考的时候考了三次才考上。毕业后，因为个子不高，相貌也实在有创意，应聘了很多家公司，人家都不要他。怎么办？只好自己单干，自己当老板吧，攒一伙人在家里鼓捣互联网。

公司不景气的时候，他背着大麻袋到义乌、广州去进货，倒卖鲜花和小礼品。坚持了若干年，终于等到去美国纽交所敲钟的那一天。对，他就是马云。时至今日，我估计马云也会感谢那些把他拒之门外的公司：要不是你们的人才判断标准不咋地，怎能有今天的我呢？

再看看我们的人才价值观，以读书好不好评判人才，岂非大错特错了呢？以相貌美丑选拔人才，是不是要看走眼了呢？

当然，这里我也要替状元正名，说句公道话。状元毕竟是少数，落弟秀才是多数，所以落弟秀才成功的例子会多些。我们不能说后进生马云后来成功了，肄业生乔布斯傲视群雄，就否定了状元的价值。我们只能说，我们的人才价值观需要校正，人才判断标准、培养机制和选拔机制都需要跟着调整。

清朝的大诗人龚自珍有诗云："我愿天公重抖擞，不拘一格降人才。"要不拘一格，不能厚此薄彼，在你动用那么多教育资源和社会力量去追捧高考状元的时候，能不能分一点爱给其他人才呢？

就像美国总统杜鲁门的母亲说的那样："我儿子当了总统，我很自豪。我还有一个儿子在地里挖土豆，也是我的骄傲。"

在"最难就业季"如何杀出重围

> "我相信一万小时定律,我从来不相信天上掉馅饼的灵感和坐等的成就。"(山本耀司)

出乎意料!2016年排在高校毕业生就业难度指数前三位的是:经济学类、管理学类、文学类。按经济学原理来看,这是由供求关系决定的,太热门的专业可能变成就业的冷门,冷门的专业也可能变成就业的热门。

巧了,"澎湃新闻"所做"2016高考状元调查问卷",36名文理科状元中,61.11%的状元倾向于报考经济类专业,33.33%倾向于报考管理类专业。

此时,这些状元是否要为自己的就业担心了呢?这事提醒考生和家长,未来给孩子报考专业时不要盲目跟风。

那是否有以不变应万变的法门呢?有,就是你的兴趣爱好。

说说个人的从业经历吧。当年,因为喜欢文学和朗诵,我选择了播音专业。后来,做了主持人这行,从业至今。现在想来,用"曲径通幽"形容非常合适,只因为兴趣爱好在此,才会乐此不疲;因为喜欢,才会坚持走下去。

什么算是好工作?很多人会说待遇好、薪酬高。正好,我有一朋友,在四大会计师事务所之一的德勤工作过,那里算是通常理解的好工作。

她介绍说,德勤职位分很多等级,经理之下有五级,你一点点干到经理要五年；干经理再三年以后，升高级经理；干高级经理两年后升合伙人。就是说，如果你十分优秀，一直保持高强度工作，又十分顺利的话，工作至少十年才能升为合伙人。

讲个她的故事吧。为了重庆的审计项目，她几个月没回家，在连续加班三个月后终于体力透支晕倒了。说到这儿，她还很自豪："我三个月才晕倒，有人干三周就累倒了。"

为了这事，公司合伙人提出要求，加班不许超过12点。她们满口答应，默默地关掉对话框，继续加班。这就是一个所谓"好单位"的工作状态，可能越在这样的地方，压力越大。薪资水平和工作强度通常是成正比的。

正好，前两天说到山西票号，我们也做个对比。

票号，在当时来说是数一数二的好工作。1908年的大德通票号每股分红是2万两。清朝一个亲王，每年的俸银是1万两左右，一品文官的年薪才180两银子。但是，你若想在票号干到这个段位，可以挣这个"顶身股"，没个几十年出不来。

一份光绪三十二年协成乾票号的工资单显示，工资分36个等级。一个聪明勤奋的小伙子，从学徒开始熬，一步步攀登这36级台阶，即使每年升一级，等他登顶时，也已经是一个年过半百的老人了。

所以，日本国宝级设计师山本耀司说过这样一番话，大有道理："我从来不相信什么懒洋洋的自由，我向往的自由是通过勤奋和努力实现的更广阔的人生，那样的自由才是珍贵的、有价值的。我相信一万小时定律，我从来不相信天上掉馅饼的灵感和坐等的成就。做一个自由又自律的人，靠势必实现的决心认真地活着。"

老马以为，我们每个人都要更勤奋和努力，让人生向上生长，包括财富、健康和心灵，一个都不能放松。也许有人可以一步登天，但请相信，大多数人必须一步一步走，这样的人生才是属于你的，这样的福分我们才接得住。

也许走着走着，你会忙碌而无序，不要紧，重新调整你的计划和目标，活得更清晰、更简洁、更积极！

富有的习惯：学习力等于竞争力

> 每天加一点，1.01 的 365 次幂等于 37.8；
> 每天减一点，0.99 的 365 次幂等于 0.03。

优秀是一种习惯。一项财富研究也印证了这一观点。

这是托马斯·科里花了五年时间研究出来的。那些白手起家的人积累到千万财富有共同规律可循。他研究了 177 位千万富翁（都属于自力更生类型）的日常习惯，发现了 13 个"富有的习惯"。

这些"富有的习惯"当中，排在第一位的就是"经常阅读"。统计数据显示："88% 的富人每天会至少阅读 30 分钟，内容以自学和自我提升类阅读为主。大多数人都不会为了娱乐去读书，富人阅读是为了获取知识。"

为什么犹太人是世界上最富有的民族？据联合国教科文组织的调查，犹太人以 64 本的年人均阅读量雄踞世界首位，相当于不到一周就读一本书。

犹太人的阅读量大和他们的生活习惯分不开。犹太人把读书看成是一种习惯和美德。犹太孩子从小就被告知"生命会有终点，读书却永无止境""金钱装在口袋里，而智慧却装在你的脑袋里"。

其实，我们古人也早就说过"书中自有黄金屋"，可惜很多人是读了一些书，却不能学以致用，结果百无一用是书生，反倒说"读书无用"。

杜克大学教授 Jonathan Wai 通过研究发现，那些坐拥金山的天才们大多出自名校。美国有 44.8% 的亿万富翁、85.2% 的最具权势男性、55.9% 的最具权势女性以及 63.7% 的达沃斯参与者毕业于名牌学校。

这不是说非得读名牌大学才能成功，而是说"读书无用论"实在是不堪一击。读书多和财富多是正相关吗？答案是肯定的。这里面的原理就是，学习力等于竞争力！

当然，读哪类书也很重要。科里发现，"他们倾向于阅读三类书：成功人士自传、个人修养或发展类书籍、历史类书籍"。不管做哪行，这些书对提高自我修养、提高眼界都受益无穷。

在"富有的习惯"中，还有一项："他们举止礼貌"。读书使人明礼，这岂不也是读书的好处吗？

在 13 项富有的习惯中，"勤快"也值得说一下。在科里的研究中，千万富翁们至少在工作时间前三小时起床。

另一项科学研究表明，早起比晚睡更有效率，成功人士基本都早起。苹果 CEO 蒂姆库克、百事可乐 CEO 卢英德每天 4 点半起床；通用电器 CEO 杰夫·伊梅尔特、Twitter 创始人杰克·多西是 5 点半起床；李嘉诚、宗庆后 6 点起床。中国古人早就说过"黎明即起，洒扫庭除"，还说人勤春早，都强调了勤劳的重要性。

13 项富有的习惯中，我还比较欣赏"积极的人生态度"和"追求自己的目标"。是的，拥有积极的人生态度，目标明确、乐观热情、心态积极，别人也会喜欢和这样的人做朋友。能量的正向流动，也预示了美好的未来。

最后，我们探讨一下，为什么拥有好习惯就会让人富有？科里认为："习惯预示着一种因果关系。习惯决定着财富、贫穷、快乐、悲伤、压力、关系好坏、健康与否。"

我还可以引用更具说服力的数学公式来说明，当你拥有一个好习惯，就等于每天在给自己加杠杆，假以时日，不可限量。时间的力量是非常惊人的，每天加一点，1.01 的 365 次幂等于 37.8；每天减一点，0.99 的 365 次幂等于 0.03。

坚持不断地每天给自己加分，成果惊人。这又何止于致富一件事呢？

[第九辑]

致那些即将消逝的文化印记

观文化价值

文化印记第一篇：拍案惊奇

> 不是醒木声响，拍案惊奇，依旧以为身在梦中。

记者陈蕾采访的《说唱这一行》着实精彩！

忆往昔峥嵘岁月稠，刘兰芳先生说到一个细节，鞍钢四十万员工下了班不走，干吗呢？都在大喇叭下面挨肩擦背听说书呢。这样"净街净巷"的奇观的确让人慨叹。

说书起源于北平，创始人王鸿兴。王曾向评话艺人柳敬亭学习，可见，北方的评书和南方的评弹是一脉相承的。所以，现在一些评书馆仍然挂着招牌"敬亭遗韵"。

在繁盛时期，这样的"净街王"出现多位。"跑马连"连阔如先生就是一位。有文人回忆，广播电台一播连阔如的评书，大街上立马鸦雀无声，有"话匣子"的纷纷回家，人们大气不敢出，但坐听评书。痴迷啊！

这位"净街王"是率先在电台说书的评书家。他有一句断语："评书界发展的原因，不外乎'平民化'三个字。"这句话很重要。

评书说到底是平民文化，群众娱乐。说书人从一开始在马路边撂地摊，有钱捧钱场，有人捧人场，到后来去书茶馆演出，再转战电台、电视台，都是粉丝托着他们走。

评书的忠实粉丝叫"书腻子"，聚到一块，未免一个不服，两个不忿，都觉得自己的偶像更出色。

有一段公案：

20世纪三四十年代是评书的黄金岁月，名家辈出，当时有"评书四杰"：连阔如、王傑魁、赵英颇、品正三。先是粉连阔如的"书腻子"写了一首藏头诗，开头八个字连起来是"连阔如说评书最好"，贴在"福海居书茶馆"的墙壁上。

其他书腻子不干了，给我撕下来。老板一看，别价，你们可以打擂台啊，我一准也贴上去。写就写。于是，一首首藏头诗就出来了，"王傑魁书场真豪杰""赵英颇神聊最勾人""品正三细品最有味"。

现在想想，那时候的评书实在太有群众基础了。说书人在那个精神文化生活匮乏的年代带给人们多少欢乐，连带着完成了怎样的文化启蒙。

时空变幻，物质极大丰富，娱乐生活也光怪陆离，你遨游在你的网络世界，他流连在他的灯红酒绿，"书腻子"们依然醉心于说书人的艺术，一张口一双手一把折扇一块醒木，就是古往今来的一台大戏。此中乐趣，不足为外人道也。

我是评书迷，现在仍去书馆听书，30块钱一张门票，就能听到连丽如、王玥波这样的名家说书，感觉太超值了。虽说评书艺术今天小众了，但粉它的人依然黏度极高。比如连丽如开的宣南书馆，十来年演了四百多场，就有粉丝一直跟着，场场不落。

我听连丽如多次亲口讲过，坚持剧场说书，就是为了把这门艺术传承下去。你能感受到老艺术家身上那种很强烈的使命感。30块钱一张票，每次来个百八十人，要从赚钱的角度，那实在赚不了多少。作为说书人，如今能够坚持在小剧场演出的，已经为数不多了。

别说评书没落，只看评书先生的艺术有多鲜活，带来的享受有多高妙，留下的记忆沟痕有多深刻。不是醒木声响，拍案惊奇，依旧以为身在梦中。

文化印记第二篇：别具匠心

呼唤鲁班归来，我们需要重拾对自身历史的最大敬意！

话说鲁班皱眉头——别具匠心。如今，高端木工严重断层，是否会让鲁班再皱眉头呢？

记者丁玲娜采访的"桃源木工"曾经很牛，最开始以能修缮皇宫得名，明清时期更是名闻全国。如今，这样的精细木工不多了，我们不免为古人担忧起来，当这样的"鲁班"淡出人们的视野，我泱泱华夏那些古建筑的命运又将如何？

谁都知道，中国古代的宏伟建筑多采用木石结构，非常灿烂辉煌，所以，木匠这一行在中国古代建筑史上扮演了重要角色。当时人赞叹"偌大紫禁城，主体结构没用一根钉子"时，更难想象叮叮当当的斧斤敲击之声，至少响彻7000年的历史时空。

在河姆渡时期，鲁班的祖先已用石质的斧头创造出复杂的榫卯结构了。那两块木头的一凸一凹，就像一双手一样紧紧扣在一起，时间越久远，握得越紧，绝对算得上木匠的高科技发明。

可是，时至今日，为数不多的几位桃源高端木工却没有用武之地。这是木匠行业的悲哀，也是中国古建筑的悲哀。

故宫博物院院长单霁翔曾经表达了一个观点："在体制机制没理顺时，我们的古建筑修缮宁可停一停。"院长说得很委婉，其实这背后有一句潜台词:"等找到会修的人再修,不会修别瞎修。"

因为太多古建筑遭到"破坏性保护",很多地方,哪个施工队出价低就让谁上,文物就这样给毁了。

倒是邻国日本,受中国建筑影响很深,"修旧如旧"之风甚盛,至今仍活跃着一大批高端木工。日本奈良市的唐招提寺可以作为代表。这座寺庙由唐鉴真和尚主持修建,采用唐代建筑样式,规模之大,据说在中国国内也难得一见。

其修缮也十分讲究,"把大殿分解后,各个部件都拆下来全部编号,一一修复"。很难想象,这种专业性极高的木匠活包给一个装修队能够完成。

有人认为,这中间最重要的是观念问题,日本对中国传去的东西,从语言到建筑,大都心怀敬意,尽量维护原貌,没有做什么改动,存古度很高。不像中国,喜欢扒了再盖,重修古建,或者如梁思成所说的"任意改观"。

这时候,我们不能不说到朝鲜的一位小木匠柳重光。1000多年前,去日本修寺庙建筑,为此成立了一家公司"金刚组",就专干修庙这一行,这一修就修了1400多年。结果,这家公司也就成了世界上最古老的公司。所以,培养了一批分工细密的木匠,手艺活倍儿棒、作风严谨的"工匠精神"也应运而生。

一个行业的细密专业程度,必然要以庞大的数量做基础,如果我们这些高端木匠还在为自身生计发愁的话,"工匠精神"又从何谈起呢?

呼唤鲁班归来,我们需要重拾对自身历史的最大敬意!

文化印记第三篇：十指春风

苏绣离开绣娘纤细的手指，还有春风拂面吗？

美丽的绣娘老了，这让人黯然神伤。伤感的不只是青丝白发，更是一个美丽文化符号的老去。

记者公秀华采访的姚建平大师是苏绣传人。给我印象最深的是什么？此一时彼一时。当年她拜师，三年才好不容易拜上一位老师，都快赶上"程门立雪"了。但现在，即使她出钱，也没徒弟来。这不是让人很感慨吗？

苏绣作为四大名绣之一，怎么看怎么是大家闺秀，何以有家道中落的感觉呢？

苏绣只是刺绣的一种，说到刺绣，绝对关联着我们太多人的文化记忆。我小时候，家里有一床被罩，上有刺绣，绣的什么图画忘记了，但那句诗我记得清清楚楚，"清风明月无人管，并作南楼一味凉。"那时候，谁家的被罩、枕套上没点刺绣呢？甚至是衣服，还有墙上的装饰品。和这事沾了边的，就有了品位。

事实上，刺绣的前世今生，包括苏绣，的确和书画艺术比邻而居，承载了很强的艺术鉴赏和文化涵养功能。比如，以唐伯虎、沈周为代表的吴门画派，就推动了苏绣的发展。

想当年，苏绣如何繁盛？据有关史料记载，自宋代以后，苏州农村"家家养蚕，户户刺绣"，刺绣之技十分兴盛，工艺日臻成熟，到明代时，已成为苏州地区普遍的群众性副业，谁家没个绣娘都不好意思出门。

　　到了清代，《红楼梦》里可就出现了慧娘，一位姑苏奇女子。凡出自她手下的绣品稀罕得紧。以贾府之荣，也只有一副璎珞，一共十六扇，贾母爱如珍宝。一个绣娘被"追捧"到这个程度，也真要妒忌死个人儿了。

　　事实上，新中国成立后，苏绣还是很繁盛的，1990年，单是江苏吴地就有十几万的绣娘，几乎"家家有绣绷、户户有绣娘"。但现在，何以面对苏绣大师姚建平的困惑呢？美丽绣娘老了，而且面临青黄不接、即将断层的危险。

　　原来，1958年苏州开始推广机绣，再后来，又部分采用电脑绣花，大大提高了日用绣品的生产能力，如此，谁还有耐心一针一线地编织岁月呢？

　　但是，我要问了，机器可以生产产品，它能生产艺术吗？它能生产诗意吗？它能生产神韵吗？随着绣娘的老去，苏绣承载的艺术价值和审美气质也丢了一地。

　　古代，有文人赞颂绣娘"十指春风"，说她们以针作画，巧夺天工。的确，苏绣离开绣娘纤细的手指，还有春风拂面吗？如今，在车水马龙的大背景下，我要呼唤那"十指春风"，让春风再绿江南岸，明月送我还。

文化印记第四篇:信使,好久不见

> 从前的誓言,白纸黑字写在上面,不容易更改;从前的人生,可以慢慢书写,一笔一画,端端正正。

邮递员真的远去了吗?不,远去的,是他们绿色的背影;留下的,是波澜起伏的心情。

虽然很久不写信了,但非常怀念"见字如面"的感觉。上高中时住校,不能经常回家,偶尔会给家里写信。听说,每次接到我的信后,父亲揣在兜里,一有时间就拿出来看一看。别人笑着说"马老师这是想儿子了"。我听说之后很意外,也很感动。

就像写信人不知道收信人的反应一样,邮递员也不会真正预估那"见字如面"的价值,无法知道他离开之后,身后激起怎样的情感波澜。如果是一封家书,凭君传语报平安,那意味着一块石头落地,心底里一下子轻松了;如果是一封情书,青鸟殷勤为探看,那意味着一股甜蜜油然而生;若是一个喜报,一封录取通知书,那又会带来怎样的一阵狂喜,让全家沸腾。

在那个通讯工具和交通工具不发达的年代,若能理解"岭外音书断"的痛苦,就能理解"家书抵万金"的意义,对邮递员的无限感激也就不足为奇了。

他们虽然是普通人,留下的只有一个背影,但他们却有一个非常美好的别称,这就是信使。时代发展,现在需要"信使"的地方可能越来越少了。想沟通可以打电话发微信,寄送物品可以找快递小哥,真有急事可以坐飞机上高铁几小时就到。但速度上去了,我们更幸福了吗?未必。我只知道,我们更忙了,对从前慢悠悠的日子更加怀念。

很久没写信了,也就没了从前寄信时的期盼,收到信时的喜悦。从前的想念,白纸黑字写在上面,不容易随风吹散;从前的誓言,白纸黑字写在上面,不容易更改;从前的人生,可以慢慢书写,一笔一画,端端正正。

那么,信使真的远去了吗?记者李硕采访到,在大山深处,像王收秋或王顺友这样的山村信使依然在坚守,山路崎岖,他们骑马,甚至架步量。

山村信使王收秋说:"(报纸)只要你订,我就一直送。"从前,他们是这么做的,数十年如一日;未来,在很长时间内,他们还要这样做,因为乡亲需要他们。

没有比脚更远的路,没有比人更高的山。在信使远去的世界里,一提起他们,人们还是会条件反射一般,耳边想起一串清脆的车铃声。远去的是绿色的背影,留下的,是莫名的温暖和感动。信使,好久不见!

文化印记第五篇：螺蛳壳里做道场

> 他们修的，不单单是一座钟或一块表，还有时光与深情。纵然青春不再来，我们都要深情地活着。

这修补时光的人，却要被时光遗忘，说来让人不是滋味。

钟表师技艺再精湛，只能修补钟表，却不能修补岁月，那像钟表一样斑驳的岁月；也不能修补青春，那时针和分针即使再次走动，嘀嘀嗒嗒起来，我们还是不能回到从前，让昔日重来；更不能修补命运，这是钟表师的无奈，不能再回到被称为"先生"时的年代。

但记者王思远、许靖采写的这篇报道，还是有很多细节打动了我——那在皇帝面前可以唯一坐着的工种，钟表"先生"，那可以被苍蝇沾走的细小零件，还有，那些身怀技艺的江湖老前辈……为我们展现出的何止是一位钟表师的神奇世界，更勾连着太多人的爱与哀愁。

我的第一块表是画在手腕上的，用油笔画上去，倒也兴高采烈。第二块表是一块电子表，那就甭提多自豪了。老师不是说"一寸光阴一寸金，寸金难买寸光阴"吗？要珍惜光阴，好好学习啊。

不想，那前后，却正是这些钟表师人生的分水岭。在这之前，他们风光无限；在这之后，他们的命运急转直下。生意少了，没活干了，很多人离开这个行业，能坚守下来的都不简单。

我知道，在广东有位老钟表匠叫杨坤，90多岁了，还在修。图个什么呢？一是出于对这个行业的深情；第二个原因，实在是别人需要他、信任他。不少客人慕名前去找他，就凭这份信任，他又怎能拒绝呢？

这报道中也说到一位老人家，拿着一块锈迹斑斑的怀表："你要是给修好了，你说多少钱都行。"你瞧，这心情！

没错，这要修的钟表通常都"价值连城"，不单单是这钟表本身可能价值昂贵，还因为其承载的情感价值。

像这老人的怀表是祖传的，那代表的是家族的记忆和对亲人的怀念；如果那是结婚时买的表，代表的是定情的信物和对甜蜜岁月的纪念。

这时候，我们再重新审视钟表师，心态会不一样。诚然，"流光容易把人抛"，这修补时光的人，会被时光遗忘；但是，他们依然平心静气地干着这份精细活，在螺蛳壳里做道场。

他们修的不单单是一座钟或一块表，还有时光与深情。纵然青春不再来，我们都要深情地活着。放我的真心在你的手心，何如？

[第十辑]

扶大厦将倾,挽狂澜既倒

观美德价值

爱国,到底是什么

> "当你首先想到的是你对自己的人民的热爱时,那就是爱国主义;当你首先想到的是你对他国的人民的仇恨时,那就是民族主义。"(戴高乐)

时下的爱国争论陷入一种"窝里斗"的怪圈,不爱国的,被谩骂;爱国的,被嘲讽。

爱国不是"窝里斗"。但是,那些自以为更爱国的人,却更像爱国"执法者",手握"狼牙棒",对一切看不顺眼的人施加简单粗暴的言语和行动攻击。

但是,并不确定他们哪里得到"本人是爱国者"的权威认证,不知道哪里来的攻击异己的资格和权利。

爱国不是狼牙棒!但很显然,很多人挥舞起来虎虎生风,得心应手,让爱国充满了暴戾之气。

爱国更不该是一门生意。现在有一些人把"爱国"当成生意做。煽动仇恨是他们最常用的手段,操纵他人是他们的目的,所有跟他一起爱国的人,都要变成"不转不是中国人"大军中的一员。这也实在不成体统。

试问:爱国,爱得多的就比爱得少的更高尚吗?爱国,就是对那些自认为不爱国的同胞恶语相向大打出手吗?爱国,难道就可以做损害同胞利益的事吗？本是同根生，相煎何太急。亲者痛仇者快岂是爱国？

爱国是什么？来看一个孩子的回答。

1974年，李连杰11岁。那一年，李连杰拿到了中国武术大赛的第一个冠军，然后去美国交流演出。美国前总统尼克松见到他就说："你功夫这么好，长大后做我的保镖吧。"当时李连杰想都没想就对他说："我要保护十亿中国人，不是你一个人。"

如此"不给面子"的回答让尼克松一时沉默了，旁边的基辛格打圆场说："这个小孩子以后可以做外交家了。"此事后来上了《纽约时报》的头版头条。

孩子的回答也许更接近爱国主义教育的真相：不是自己不怎么爱，却教育别人去爱；而是，自己发自真心地爱，对别人是一种教育。

爱国到底是什么？为了这个，我还特意请教了我的一位好朋友。

她思索半天，缓缓地说出一句话："爱国就是，她的荣誉就是我的荣誉，她的悲伤就是我的悲伤。"这一答案让我感慨不已。

学雷锋也看"颜值"吗

> 但愿,无论对方颜值高低、贫穷富有,这世界所有的求助者,都能被温柔以待。

当帮助一个倒地受伤的人时,受伤者的外表重要吗?

一个社会实验视频在四处传播,也引发热议。实验者穿着破衣服扮成流浪汉,拄着双拐,故意在繁华的大街上多次摔倒,以观察周围人的反应。结果,没有人扶他。请注意,这发生在西方国家的大都市。

实验者最后说:"今天我在外面走了两小时,我告诉你,我现在就像空气一样,人们听到、看到我摔倒,但他们只是站在那里盯着我,让我觉得低人一等。"

很长一段时间,我们都在讨论"扶不扶"的话题。很多人认为,这是中国的独有现象。在很多人印象中,西方发达国家的国民都受过良好的教育,道德素养都很高,按说应该个个都是"活雷锋"。对不起,现实告诉我们,对此类事情的反应,哪国都一样。

不是没有雷锋,实验者说:"这个社会实验最让我惊讶的是,唯一帮助我的是另一个流浪汉。"难道是同病相怜吗?

同样是刚才那个实验者"流浪汉",他摇身一变,换上西装,穿上皮鞋,一身非常体面的打扮,再次上演前面的剧情,拄着双拐不慎跌倒，发生了什么呢？每一次都会有人上前帮助他，把他扶起来。实验者的结论是："人们更愿意帮助一个拥有一切的人，而不是一无所有的人。"

这就是我要跟您讨论的话题，难道学雷锋也看颜值吗？或者也会嫌贫爱富吗？

有人专门做过"劣根性"的东西方比较，发现东方的所谓"劣根性"在西方也一样存在着，甚至有过之而无不及。比如，占道停车、地铁逃票、爱占小便宜屡见不鲜，甚至受害人被侵犯整栋楼的人见危不救、看人跳楼在楼下起哄的恶性事件也同样发生在"西方文明国度"。

全世界的人性差不多，今天我要从社会心理学找答案。这个实验告诉我们，在助人为乐这件事上，可能存在着潜在的利益考量，也就是利己主义。

学雷锋这事，从动机上说存在两种假说。一种是利己假说，一种是共情关注假说。

换句话说，为什么有人那么慷慨，对别人那么好，一种可能是同情心驱动的，一种可能是因为自私心理引发的。

由自私心理引发利他行为，这可能吗？很多西方哲学家认为，"利他主义"其实也是戴了面具的"利己主义"，人们所谓的"无私的爱"，其实可能服务于自私的灵魂。我们帮助他人是为了让自己从中得好处，物质的或是精神的。

有一些奖励很明显，比如获得奖金、受到表扬或者逃避惩罚和责难；有一些奖励是隐性的，比如看到他人受难，当事人会感觉到强烈的不舒服，而助人行为就会减少这种不舒服，或者减少负罪感。由此，我们就能够理解，人们为什么嫌贫爱富，或者更爱帮助那些颜值比较高的人了。

承认"利己假说"其实并不损害"活雷锋"的伟大，老子就说过："是以圣人后其身而身先，外其身而身存。非以其无私邪，故能成其私。"就是因为他的无私，才成就他的自身。

我们不要忘记，学雷锋的另一个动因——共情关注假说。这个也好理解，有些人似乎天生心肠软，富有同情心。

科学家曾经做过实验，人的大脑当中有一个部分叫"杏仁核"，爱捐赠的人，他的杏仁核要比不爱捐赠的人的杏仁核大得多。所以，这个杏仁核很可能是人类大脑中的情感指南针。

我现在还记得小时候学的那篇课文，叫《穷人》。说有一位渔夫的妻子叫桑娜，邻居西蒙去世了，留下俩孩子。她开始犹豫了，怎么办？我收养过来吧，自己家里已经有五个孩子了，有上顿没下顿的，还饿肚子呢，我再添俩，先生回来非揍我不可。不收养吧，这孩子们怪可怜的。不管那么多了，先抱回去再说。

当然，渔夫回来之后，也支持收养孩子。你看，就有那么一些人，宁愿自己受苦，也要帮助他人。我还清晰记得，当时，给我们讲这篇课文的是王老师，这位女老师读着读着热泪直流，自己先被感动得稀里哗啦。

实验当中，那个流浪汉得到另一个流浪汉的帮助，就可以理解为"共情关注"，流浪汉的难处，他最理解，激发了他的助人心理。这是本实验当中给人留下的最温暖的瞬间。

但愿，我们的助人为乐更少出于功利的考量，更多出于心肠的柔软；但愿，无论对方颜值高低、贫穷富有，这世界所有的求助者，都能被温柔以待。

宽容，成就世界之美

> 宽容具有救赎人心的力量！

最近看到一些宽容的事件，内心温暖。

这第一件事发生在安徽桐城。一张交警开出的"空白罚单"在网络热传。罚单之所以引发关注，是因为被罚者是一辆外地车辆，而罚单上的内容不是扣分和罚款，而是温馨提示："前面有停车场，下次注意。"但有爱较真的人就问了，这是人性化执法还是有违法嫌疑？

实际上，《道路交通安全法》87条"口头警告"本身也是一种处罚。这种质疑倒是值得反思，为什么现在一说到"处罚"，就想到"扣分与罚款"呢？

这个"人性罚单"事发地在六尺巷，别有一番意义。当年，那段解决邻里纠纷的历史公案，体现的正是宽容体谅的精神。

> 千里捎书只为墙，
> 让他三尺又何妨？
> 万里长城今犹在，
> 不见当年秦始皇。

于是，一个主动把墙往后退了三尺，另一位也马上把墙让后三尺，就成了有名的六尺巷。

第二件事,发生在河北三河市。

两年前,原籍广西的打工妹石芳丽骑电动车经过一个路口时,把76岁的退休老教授韩健撞倒了。石芳丽立即送老人就医,并辞去工作,专心陪护老人。韩健老人不仅放弃了追责和索赔,还让家人帮助石芳丽找到了一份新工作。

这第三件事,发生在重庆大渡口区。

当地警方抓获一名盗窃嫌疑人,对方始终不承认自己犯了罪,面对逃跑时扭伤脚的小偷,被盗的业主王女士没打他没骂他,而是弯腰帮他按摩受伤的脚踝。嫌疑人曲某见到这一幕,痛哭起来,主动交代多起案件,并一再承诺,自己不会再做错事。

人之初,性本善,你看,宽容具有救赎人心的力量!

第四件事,来自一本书《悲惨世界》。

这是《悲惨世界》里的著名桥段:冉·阿让假释出狱后,不管富人穷人都唾弃他。这时他遇到米里哀主教,带他到自己家中吃东西,还留他过夜。结果,冉·阿让很不争气,发现桌子上放的银器很值钱,趁人不备就给顺走了。

很快,冉·阿让被警察逮住了,主教却并没有责怪他,还再三向警察保证冉·阿让不是贼,银器是自己送他的礼物。冉·阿让受到感化幡然悔悟,从此走上了一条光明大路。当一个人在十字路口挣扎时,你推他一把,他就走上歧路;你拉他一把,他就回归正道。

当然,像前面说到的这些案例,以直报怨容易,以德报怨太难,尤其面对一个伤害自己的人,得饶人处且饶人,那需要怎样博大的胸怀啊!

第五个故事,来自《史记·周本纪》。

书中记载,周文王时,两个诸侯国虞国、芮国发生了纠纷,闹得不可开交,没办法,找个人仲裁一下吧。找谁呢?周文王。

两位国君到了周地,看到周国人相互谦让友爱,个个彬彬有礼,不觉惭愧起来,说道:"咱们这点事,算是个事吗?我们所争的,实在是这里的人所耻笑的,还去仲裁个什么劲呢,不是自取其辱吗?"

两人客客气气地把纠纷解决了,最后,还恭恭敬敬地行了礼,才各自离去。这岂非是更值得称道的地方吗?宽容,还具有移风易俗的力量!

《论语》里说,"宽则得众",宽容就会得到众人的拥护。有这么多鲜活的案例放在眼前,我越发相信,宽容可以成就世界之美。

我为什么要倡导"知恩图报"

<blockquote>"此德出而福反也。"(《说苑·复恩》)</blockquote>

知恩图报无疑是一种美德,滴水之恩,当涌泉相报。

《浏阳日报》报道,澄潭江镇政府接到一个来自湘西凤凰县的包裹,里面是一面锦旗和一封感谢信。

寄件人吉福昌说自己因病摔倒路边,是澄潭江镇一位名叫陈永财的好心人将他救起,并垫付了治疗费用。由于没有好心人的详细家庭住址,希望镇政府能帮忙代寻恩人。

类似的事还有。《海宁日报》报道,在海宁市周王庙镇石井村,20年前王荣发看到张建荣家里比较困难,就给孩子一个压岁红包,35元钱。

20年后,张建荣听说恩人王荣发生病,马上送去10000元;再后来,王荣发去世,张建荣又送去10100元。有村民听说之后说:"几十元与两万多元不是数字概念,而是懂得感恩和回报。"

贵州卫视曾采访张爱民与孙胜荣。29年前,江苏徐州人张爱民因为一句承诺,不计回报地拿出1000元帮落魄的青田小伙子孙胜荣开了一家理发店。20多年后,海外创业成功的孙胜荣为报张爱民当年的恩情,投资1000多万元,为恩人在徐州开办了一家红酒酒庄。

寻找恩人的过程非常曲折。2008年,已成富商的孙胜荣回国来徐州寻找张爱民。大海捞针，结果可想而知。2010年，孙胜荣趁回国进货，再次找张爱民，还是没有任何消息。2012年7月，他第三次去徐州寻找张爱民。最后向当地公安部门求助，终于找到了。

有一个细节，当年一无所有的小伙孙胜荣发达了，想回报老大哥。原想馈赠两套房产给老大哥，被拒绝了；想给老大哥买辆好车，也被拒绝了。小伙子三寻恩人的诚意实在感人，又要送房又要送车，也发自真心。

但是，大哥的拒绝告诉我们，其实，很多时候一个人伸出援手，并不是为了得到回报。

关于知恩图报，说个古代故事。

秦穆公一次外出，丢失了自己的骏马，等找到的时候，一伙人已经把马杀掉了，正在胡吃海塞呢。一见马主人来了，这伙人非常惶恐。秦穆公说："马死不能复活。我听说吃骏马的肉不喝酒会伤害身体。"于是又给他们酒喝。这事处理得非常大气，杀马的人都很惭愧。

过了三年，晋国攻打秦穆公，把秦穆公围困住了。结果半道杀出来一伙人，击溃了包围秦穆公的军队，秦穆公得以打败晋国。这伙人正是当年那些杀马吃肉的人，这是来报恩了。

这个故事记载在《说苑·复恩》一篇里，文章最后还有一句："此德出而福反也。"你积德了，必有后福。

德出而福反，这是我要倡导"知恩图报"的缘由之一。

还有一个缘由，就是"踢猫效应"。有人上班的时候挨了老板的骂，气没处发泄，回到家里就骂儿子，儿子莫名其妙地受气又没处发泄，就踢了自己家的猫咪。猫咪怕再被踢，见到人就会去挠一下。这是负面情绪的传递，坏情绪会传染，形成恶性循环。而知恩图报则会形成一种爱的能量的正向传递，构成了一个美好的闭环。

这种感恩文化，在当下的社会语境下，不仅毫不过时，反而弥足珍贵。心中些许感恩，人间无上清凉。

你有当面说"不"的血性和勇气吗?

当面说不,需要血性和勇气,也体现着责任和担当。

不到长城非好汉。NBA火箭队球员鲍比·布朗登上长城,在城砖上刻下了自己的名字和球衣号码,然后还在微博上炫耀:"今天在万里长城上尽情狂欢。"

如此狂欢,球迷们自然要口诛笔伐,有一位球迷就说:"这是世界文化遗产,不是你家的厕所。"(他在自家厕所恐怕也不会乱写乱画)

布朗回应:"这是一个无心之过,希望你们可以原谅我。"

我想表达三点看法:

一、不管是无心还是有意,布朗这事做得掉价。

二、"破窗效应"。长城因为历史原因,已经被到处刻字,很容易引发类似破坏行为。我们的管理部门应该对布朗这样的微博"自首"行为公开追责处罚,以儆效尤。

三、我们那么勇敢,为什么不能当面说不?刻字当场不排除有国人看到。且不说游客,陪同的中方人员在干什么?是默许?他是明星,可以享有特权?抑或不敢?人家人高马大,怕挨揍?

20多年前,马云籍籍无名,普通得不能再普通。面对几个"偷窨井盖"的大汉,他骑着自行车大声呵斥:"把东西抬回去!"

这是当地电视台的公益心理测试，马云是那晚测试中唯一过关的路人甲。

最近，交通银行镇江朱方路支行也发生了一件大声说不的事。保安王军听到一男客户跟人打电话说什么"动态密码"四个字，就大喊一声"不能说"，及时堵截了一起网上诈骗案的发生，客户被盗刷的钱成功得以追回。

不得不说，当面说不，需要血性和勇气，也体现着责任和担当。

在职场当中，多少人有勇气当面表达不同意见呢？

背后说不的，我们见得多了；嘴上不说，肚子里"腹诽"的也见得多了；但是，当公司大老板做出一个决定，敢当面说出"不可行、不靠谱"的人就不多了。

为什么不敢表达不同意见？可能有两种心态：一、怕惹事，不说为妙；二、等着出事，看领导笑话。这是非常坏的企业生态。

亚马逊的老板贝索斯据说是个霸道总裁，他曾给研发部门下了一个任务，研发一款可与用户语音互动的智能音响。只要用户一喊amazon，音响就自动响应，播放列表的歌曲。

主意不错，但研发人员从一开始就意识到，电视里amazon广告一响，音响就会自动放歌，用户会被烦死的，但就是没人敢说。一直拖到产品即将上市，研发人员才决定跟老板反馈一下。结果是，贝索斯大发雷霆，命令他们马上改名。

由此，我想到一些历史掌故。

东汉末年有过一场著名的征外之战，那就是乌桓之战。战前，曹操手下的很多谋士将领都跟领导说不。"主公，你这么干不行。你派兵出去，如果有人抄我们的老家怎么办？"

曹操执意北征，最终拿下乌桓，得胜归来。曹操按照功劳大小，犒赏三军。支持他的人，自然要赏，提出反对意见的谋士将领，曹操也重重有赏。曹操说："这次赢得困难，赢得侥幸。所以，你们的劝谏是对的，需要重赏。"

如果是袁绍，你提出反对意见，会怎么样？

袁绍手下的大谋士田丰也做过这样的事，跟领导说不。那次官渡大战之前，田丰极力阻止袁绍攻打曹操："你打曹操，有太多不利的条件，不要出兵。"

袁绍说："你怎么敢跟我对着干呢？关起来！投入监牢。"

随后，发生了历史上著名的战役官渡之战，曹操以少胜多，袁绍大败而归。众军士捶胸而哭："如果田丰在这里，不至于到这个地步。"

大后方，有狱卒就给田丰道喜："先生，您料事如神，看来您快出来了。"田丰却长叹一声："我命休矣。"

狱卒纳闷："可我怎么觉得应该给你官复原职，还加官进爵啊。"

田丰说："袁公表面宽厚但内心猜忌，如果我军打赢了，说不准会放了我，给我一条活路。可是这回输了，他那么好面子的人，脸上肯定挂不住，一定会先拿我出气。"

结果，这次他又说对了。袁绍战败，兵马还没回来，先派人带着宝剑回来，把田丰斩了。我只想对田丰说一句话，道不同不相为谋啊。

生命至上，救人要紧

> 他人有难，我漠不关心，袖手旁观；
> 明天自己落难的时候，谁来帮我？

从时下的一个网红开始说起，此人因为救人而走红。

这是发生在河南新乡的一件事，有男子在路上突发心脏病，倒地不起，一位身材有点臃肿的女子双膝跪地，对他采取了心脏急救措施。终于，男子捡回一命。

原来，这位女子是一名护士，名叫周晴，是怀孕七个月的准妈妈。回忆起救人的情形，周晴说，当时也没想那么多，救人的时候，只想着赶紧让病人苏醒。她还说："当时救人纯属职业本能反应，没想到一不小心成网红了。"

巧了，在另外一起救人事件中，救人者也说到本能。

这是湖南工程学院的三位师生，李增强、汪秀平、鲁玲玲。当陌生青年昏倒在地，生命紧急关头，他们伸出援助之手，把病人送到医院，也救回一条命。后来，记者就问他们，现在这个社会很多人都不敢扶，你们怎么想的？

他们淡淡地说："没什么啊，救人就是一种生命的本能。正好看到了，就肯定要救。"

当这个世界上纷纷议论不敢扶不敢救时，这些出于"职业本能"

和"生命本能"救人的活雷锋,是否在整个泥石流里算是一股清流呢?这正应了那八个字:浊者自浊,清者自清。

这世界也许并没有那么糟糕,某些人所说的不扶不救的事实需要辩证来看。

从传播规律讲,好事不出门,坏事传千里。一项研究表明:一个人对于他人的好消息平均会告诉身边 6 个人,对于他人的坏消息则平均会告诉身边 23 个人。传媒炒作会放大负面新闻的危害,人脑的"负面偏好"机制也会夸大世界的阴暗面。

这世界也许没那么好,也没那么坏。我们不必过分夸大这个世界的恶。反而是,我们作为其中一分子,应该想办法让它变好一些。

不管是从生命本能角度,还是从道义角度,我们都应该大力弘扬"生命至上"的价值观,而不应该屈从于"利益至上"的价值观。生命至上,不要说三道四;救人要紧,无暇瞻前顾后。关键时刻,请尊重自己和他人救人的本能和道义。

老马以为,这实质是一种生命互助理念。救,则人人受益;不救,则人人受害。他人有难,我漠不关心,袖手旁观;明天自己落难的时候,谁来帮我?

职场中什么员工最有前途

> 人品是最高的学历。

这事让人啼笑皆非，有人请病假旅游丢了工作。

成都一家外企的员工卢女士向公司请了病假后，转身开始自己的度假旅程。可是，她随后将度假照片晒到了微信朋友圈中。她公司领导发现了，做了一个"微信朋友圈证据保全"公证，凭借这一公证解聘了她。

这事发生之后，有几种观点：

一种观点认为这位员工不诚信，解聘是不冤枉的；

第二种观点是，现在很多企业带薪休假制度执行得不怎么样。很多员工想请个假很难，于是想出旁门左道恐怕情非得已。所以，这员工是值得同情的。

第三种观点说，这个事件实际上是一堂普法课。既然请假手续齐全，她是在哪开的假病历和假病假条呢？反倒是那位外企负责人很懂法，先做"证据保全"，再解聘员工，一步一步走得很规范。

其实，国外也有类似事件。那么，我们可以做一个基本的判断，不论中外，个人诚信都会影响个人的前途。

以前我也说到一个类似的故事。有大学生去求职的时候屡屡碰壁。这人名校毕业，能力也不错，可是到最后环节人家都不要他。

一问，人家就说了："你是不是地铁逃过票？你不诚信，人品有问题，我们录用会有所考虑。"

这两件事，一个是发生在入职之前，一个发生在入职之后，结果一样，都影响了自己的职场前途。

那好，我们不妨探讨一下，职场中什么员工最有前途呢？

正好，我最近正读《胡雪岩》，这位红顶商人如何富甲一方，如何叱咤风云就不多说了，倒是胡雪岩的成长经历让我非常感兴趣。

胡雪岩小时家里穷，仅念了两年私塾，8岁时给人帮工放牛。按说这样一个"拼二代"是没有多少上升通道的。但是，他后来顺风顺水，一路总有人帮助提携，27岁就当上了钱庄老板。

胡雪岩的职场生涯，这从员工到老板的过程简直是火箭速度，但这一切并非偶然。

看上去，他是在13岁开始人生转折的。据说那是一个风和日丽的下午，胡雪岩像往常一样到野外放牛，在路边一个凉亭休息的时候，发现一个挺大的蓝布包袱，包袱里面全是金银财宝。

胡雪岩很镇定，先把包袱藏到草丛里面，然后像没事一样，坐在那里等待失主。一直到太阳快下山了，也不见有人过来，但他还是强忍饥饿，继续坐在那里等。

终于，失主神色慌张地跑来了。包袱失而复得，当然高兴，要酬谢胡雪岩。结果胡雪岩连连拒绝。失主大为感动，于是对他说："我是开杂粮店的，你这么好的小孩子在这里放牛可惜了，你跟我干得了。"一个放牛娃的命运从此改变。

后来，胡雪岩15岁时，因照顾生病的金华客商而被对方相中，到金华火腿行做学徒。因为做事踏实，又勤劳能干，19岁时进了杭州的阜康钱庄。

23岁由学徒升为跑街（业务助理），半年后升了出店（业务主管），27岁的时候，老板临终前把整个钱庄交给了胡雪岩。

其实，胡雪岩8岁的时候，就"学过雷锋"做过好事。有一个小孩子一不小心掉进了山沟，其他孩子一看情况不对，都吓得跑回了家。只有胡雪岩沉着冷静，他慢慢摸索着下去，把那个孩子拉了上来，并将其扶上牛背送回了家。当时，邻里都赞扬他，说他机灵、勇敢，又有好心肠。

胡雪岩一生的经历，也正是对这几句评价最好的印证，用两个字概括，就是人品。

忽然想到国外的故事。在一个风雨交加的夜晚，一个年轻人、旅馆的夜班服务生接待了一对老夫妇。他们想要住宿一晚，可是，当时已经没有房间了。这位服务生不忍心这对老夫妻再次置身风雨中，就把自己的房间让给他们住。

老夫妇接受了他的好意。隔天雨过天晴，前去结账时，这位服务生依然亲切地表示："昨天您住的房间并不是客房，所以我不会收您的钱，只希望您与夫人昨晚睡得安稳！"老先生点头称赞："你是每个旅馆老板梦寐以求的员工。"

后来，这位年轻人接到了一封信函，是那对老夫妇写来的。他们本有亿万资产，特意为这位年轻人买下了一座大酒店，邀请他来打理，也深信他会经营管理好。这就是全球大名鼎鼎的希尔顿饭店首任经理的传奇故事。

老马感慨一句，我听说，人品是最高的学历，谁说不是呢？

易求无价宝，难得有情郎

"男儿重意气，何用钱刀为？"（卓文君）

我曾经说过，咱们商家的本事，不管什么节，都能给你过成购物狂欢节，这是中国特色。

你看情人节，满眼都是吃喝玩乐的数据，处处都是节日经济，这背后实际上还是商家在主导。

合理之处在于，大家有这种需求，通过吃喝玩乐来表达感情。尤其是情侣之间，假如凭借一枝花一顿饭，止息干戈，增进感情，这样的投入产出，还是很经济的。但需要注意一点，不要把节日商品化，也不要物化感情。

情人节怎么来的？ 在西方，情人节又叫圣瓦伦丁节。据说是一对相爱男女，苦命鸳鸯。男的是基督徒，女的是典狱长的女儿。男的要被斩首示众，在行刑前一晚，给女的写了一封情意绵绵的告别信，女的悲恸不已，后来在他坟前自尽了。

这有点像中国的《梁祝》或者《孔雀东南飞》。你看，十足的悲剧故事。

由此要说到高昂彩礼引发的争议。听众"金生水起"告诉我，邻居农村小伙要结婚，可是乐不起来了。女方要求买楼买车，还要大操大办喜事，简直就是狮子大开口，把男方母亲愁得夜里睡不着觉。

情人节送礼和结婚时送彩礼,两者之间未尝不是正相关的逻辑。情人节非得送多少钱的礼物才能表达情感,如果你认为这个合理,那么,结婚的时候要多少彩礼才能显示你的真情实意,是不是很自然呢?很多不良的婚恋风俗却由此而生,儿子娶媳妇儿,爹娘脱层皮。

所以,告别购物还能不能过节了?换句话问也可以,不谈钱,伤感情吗?

我想起一句诗来,"男儿重义气,何用钱刀为?"这是卓文君的诗句。

司马相如还是穷小子的时候,卓文君看上他的才华,虽然家里反对,也要跟他,大不了私奔吧。

可是,司马相如出人头地之后,看上茂陵女子,要换媳妇。卓文君听说之后,就写首诗给他,"皑如山上雪,皎若云间月,闻君有两意,故来相决绝。"听说你三心二意,我现在跟你分手。

后边的诗句里,还有一句很厉害,"男儿重意气,何用钱刀为?"男人重钱不重感情不重义气,让人鄙视。

反过来,女性也一样,不能拜金。卓文君这话说得有底气,她本是巨商之女,当初看上司马相如,半点没嫌弃他贫寒,当垆卖酒,多辛苦也不怕,一起吃泡面也是幸福的。

所以,这个表达掷地有声。司马相如羞愧不已,就绝了"吐故纳新"的心思。

王小波和李银河的相遇也很有意思。年轻的李银河很欣赏王小波的才华,可是见了他本人之后,非常失望,怎么长这么难看?

小波气坏了,在信中说:"你从这信纸上一定能闻到二锅头、五粮液、竹叶青的味道,何以解忧,唯有杜康……你应该去动物园的爬虫馆里看看,是不是我比它们还难看。"

这样一个才华横溢,对生活充满热忱和幽默的人,比什么都重要,李银河觉得这个人真不错,以后再也没有因为容貌嫌弃过对方。

《简爱》有句经典台词:"你以为我穷、低微、不美、矮小,我就没有灵魂没有心了吗?我现在跟你说话,不是通过习俗、惯例,甚至不是通过凡人的肉体,而是我的精神在同你的精神说话。"

同样,表达真挚的感情又何须昂贵的礼物和丰厚的彩礼呢?小波在五线谱上写下真挚的情书,赢得李银河真挚的爱情;相如凭借一把琴,弹奏一曲《凤求凰》,就赢得了卓文君的芳心。

当你老了，头发白了

"对弱势群体的态度，能体现世界的温度。"

健忘老人吃饭忘付钱，碰到这种情况，你会怎么办？

成都这次亮了！一段视频热传：一位头发花白的老人先后走进几家餐馆，吃完饭忘记付钱，但餐馆老板都没追要饭钱。非但没要钱，看老人健忘找不到家，还帮他报警，帮他找家。还有两个女孩，请老人撸串串，全程谈笑风生，气氛欢快！他（她）们的善良把大家暖化了。

原来，这是电视台组织的一个测试。老人是演员扮演的，但这些被测试者，店老板和年轻食客并不知情，他们的表现是真实的。

一位健忘老人吃饭忘付钱，无意当中点亮了城市的善良。所以我说，这次成都亮了。对弱势群体的态度，能体现一座城市的温度。这件事就成了试金石，可以试出人们内心的友好、善良和热情。

我想，一定会有很多人要给成都加分了，本来很好的城市，现在更富人情味了。

类似的故事在其他城市也发生过。去年在西安，有网友在微博上用图文记述了这样暖心的一幕："这位老爷爷饿了，路过摆汤面，看见一位刚走的客人剩下的面，吃了起来。女老板看到，走上前去。我以为她不让老爷爷吃，她跟老爷爷说：'我给您再弄一碗。'"

原来，老人没钱吃饭，是因为老伴在医院看病。老人虽然囊中羞涩，但衣着干净、整洁。他端起别人剩下的面时，一定很难过吧，可是，一句温柔的问候，一碗专门为他做的面，却那么热气腾腾。

这位网友感慨道："太阳刚刚好，照亮每个人的心！"是的，我相信，这碗面，一定也温暖了很多人的心。

这样的故事不只在成都、西安发生。我想起一个西方的故事，同样是一碗面。有年轻人和老奶奶坐在同一张桌子上，彼此并不认识。

年轻人点的意大利面来了。他举起叉子，刚准备吃，就看那对面头发花白的老奶奶举起叉子也吃起面来。年轻人想，这老奶奶真可怜，她一定饿坏了。没再说什么……两人默默地吃完那碗面。

就要买单时，年轻人忽然发现，桌子旁边还放着一碗面。原来，他们点了同样类型的面。可是，因为误会，两个人都怀着同情的心，跟对方分享了一碗面。但正是这个误会，让我们发现人心的柔软。

接下来，我想从尊老孝亲的角度来说说这件事。

先说一个故事。很久以前，有一户人家，三代同堂。爷爷、奶奶七八十岁了，走不动了。儿子儿媳觉得老人是个累赘，一商量，准备了个大竹筐，抬着两位老人打算送到深山里扔掉。

结果孙子在旁边说话了："爸爸妈妈，这个大竹筐可不要丢了。"

爸爸妈妈很奇怪："为什么竹筐不要丢了？"

孙子回答："等你们老的时候，我也用这个大竹筐扔你们。"

这对父母慌了，赶紧把两位老人抬回家，好生侍候，再也不敢不孝敬父母了。

这个故事有点夸张，但道理很对，尊老孝亲这事，是会言传身教，代代相传的。

想到一个公益广告：

这位老人家得了阿尔茨海默症。一次到饭店吃饭，桌上的盘子里剩下几个饺子，老人直接拿起饺子就往口袋里揣。老人的儿子尴尬极了,说道:"爸,你在干什么!"(大家都看着呢,这下丢脸丢大了。)

接下来,老人说了一句话,却感动了儿子。老人说:"我儿子最喜欢吃这个馅的饺子啦,我要把它带回家给我儿子吃。"

可怜天下父母心,不是因为爸爸生病,这孩子可能还不知道,爸爸爱他爱得那么深。儿女又何以为报呢?

陪伴，是最长情的告白

> 孝心，停留在表面的物质满足何足道哉，深入满足老人内心的需要才更值得称道。

你有耐心教爸妈用智能手机吗？

想想自己，也曾教妈妈用微信的视频聊天。老实说，我的耐心也实在有限，值得检讨。我的基本观点是，这是精神赡养的范畴，可能比给爸妈洗脚更有意义。

正好看到有人抱怨："前几天教我爸妈用智能手机，把我的耐心都耗尽了，总想发火。后来想想，当初咱们什么也不懂的时候，不是爸妈耐心地教我们走路、用筷子吗……"

相关调查显示，四成老人觉得年轻一辈对他们请教如何使用手机：表现得"比较没耐性"或"非常没耐性"。

的确，教爸妈用智能机不容易。老人家通常对新事物理解得不会那么快，又比较健忘，但我们一定要体会父母的心情。

有一次吃饭，一位老工程师无意中跟我们提起孩子在创业，建了个网上玩具商城，她就打听："你这个是怎么操作的啊？能跟我说说吗？"孩子回答："说了你也不懂。"老人挺失落："你不跟我说，我怎么懂？"

孩子是海归，学习了很多新知识。这位妈妈是工程师，有过辉煌的过去。当年轻人向她关闭了沟通的大门，她的失落感可想而知。其实，这位妈妈不过是想努力融入孩子的生活，借此有更多交流而已。

老人学习新事物的另一种内心需要也不能不提，跟上时代，克服被社会边缘化的恐慌。所以，要当心老人在新事物面前变成"弱势群体"。

年轻人哪，别只顾着自己往前走，把老人远远地落在后面。如果不深入了解老人那种落伍感所带来的焦灼和困扰，就很难理解那种内心的无助，这甚至可以上升到文化的迷思。

其实，这种忧虑，每一代人都会遇到。因为每个人都会老。别说父母辈，就说我好了。以前我听说 SHE 都觉得很新鲜，跟人打听什么意思？哦，唱歌的组合。你看，现在都流行什么，"TFBOYS"，仨小男孩，挺火。

类似的新名词层出不穷。俗一点说，长江后浪推前浪，前浪死在沙滩上；雅一点是"江山代有才人出，各领风骚数百年"。

迭代，是必然发生的。曾经的"老江湖"忽然面对一个全新的世界，全新的生存法则，找不到自己的位置了。看不惯，想不通，跟不上。就凭这个，我们也应该耐心一点。

孝心，停留在表面的物质满足何足道哉，深入满足老人内心的需要才更值得称道。

这世界变化快，很多人活得肤浅，也活得骄傲，就像郑智化唱的那样，"骄傲无知的现代人，不知道珍惜。"其实很多人忘记了"家有一老，如有一宝"的道理。跟老人多多沟通，有什么坏处呢？不只是亲情的温暖，还有规矩、做人的道理、做事的方法、人生的经验智慧，等等。不听老人言，吃亏在眼前。老人家的很多好东西我们且学着呢。

最后要说到两位朋友。一位手把手教爸爸使用打车软件，并写下操作流程，详细说明每一步该怎么做。很快，她爸爸学会了。当老人家自己打到一辆车时，高兴了好几天。

还有一位朋友，父母出国自助游，他给父母定好机票、酒店和行程。特意准备了很多小卡片，常用的话都有，"我要去某某酒店""我要去某某景点""洗手间在哪里"……配了文字，中英文都有，旁边还画个笑脸。无论去哪，只要拿卡片问问当地人就是。

这等于说，两位老人虽然不会半点英文，却天下任我游，潇洒至极。子女好耐心，也好细心。

老马不能不感慨，陪伴是最长情的告白，有一种孝心，是陪你一起变老。

如何优雅地老去

> 老年人身体健康,没有痛苦,就是生命的尊严。不仅是老有所养,还是老有所享。

"有尊严的老龄化"是个值得探讨的话题。

中国残联主席张海迪呼吁,发展老年康复产业,让残疾老人生活得有尊严、有幸福感。她连连发问道:"不少残疾老人都出现了失能状况,比如偏瘫,他们请得起阿姨照顾吗?他们能够通过康复恢复机能吗?怎么能让他们有尊严地生活、拥有幸福感呢?"

全国人大代表王月清关注高龄环卫工人群体。她说,目前全国不少环卫工人因超龄被解除劳动关系,因没有社保,缺乏收入来源,生活陷入困境。他们的遭遇并非个例。

这些呼吁,都倾注了对老年群体生存质量和生命尊严的高度关切。

这一问题的确很严峻。用政协委员胡晓义的话说,养老保障问题关系到今后几十年的民生。"确实是一个重大的民生问题,而且不仅关系到当下的民生,还关系到今后几十年的民生。"他说。

去年,我国60岁以上人口已经超过2.3亿。数据显示,2016年与2015年相比,我国60岁以上人口增加了886万人,这意味着每天增加2万多人,几乎不到4秒钟,就有一位居民进入60岁以上的群体。

卫生部原副部长黄洁夫分析说:"首先,我们是未富先老;第二,我们目前大多数是一个家庭一个孩子,抚养比例比较高;另外,还有空巢化、失能的问题,所以给社会带来较大压力。"

在这样的背景下,我们又该如何理解"有尊严的老龄化"呢?残疾老人的窘迫、高龄环卫工人的遭遇,涉及"有尊严的老龄化"的第一个层次,这个尊严其实是生存的尊严。我们应该让最基层的穷困老人老有所养,不至挣扎在温饱线,陷入困境。

"有尊严的老龄化"还有第二个层次,生命的尊严。老年人身体健康,没有痛苦,就是生命的尊严。不仅是老有所养,还是老有所享。

这可能取决于良好的医疗条件,更在于老年人良好的健康保护意识,预防重于治疗。

79岁的知名作家琼瑶发布公开信,交代身后事:绝不抢救,一切从简。她特别发出五点声明叮咛儿子,表示无论生什么重病,她都不动大手术、不送加护病房、绝不插鼻胃管,最后再次强调各种急救措施也不需要,只要让她没痛苦就好。

琼瑶女士说,正是抱着正面思考写下这封信,对于牢不可破的生死观,现在也该到改变的时候了。

我觉得,这是对生命尊严的生动注解,不受衰老之苦,可以优雅地老去。

关于老有所养,孔子在《礼运·大同篇》里提出:"人不独亲其亲,不独子其子,使老有所终,壮有所用,幼有所长,矜、寡、孤、独、废疾者,皆有所养。"

这是大同世界的老有所养,它强调了国家和社会的责任,我们应该给每一位老人没有忧虑的晚年。今天,我们应为这一理想更加努力。不仅老有所养,如果还能老有所享,那是更有幸福感的事了。

总结一下,当社会各界人士共议"有尊严的老龄化",其实,我们擎起的,是自己更有温度的未来。

[第十一辑]

不义而富且贵于我如浮云

观商帮价值

商帮系列第一篇：汇通天下之山西商帮

> 千里之外，区区一纸汇票，万两银子即刻提取，这是什么水平？

今天我要说到中国古代商帮之首——晋商。晋商在中国经济发展史上有着突出的地位，起家最早，影响最大。

"纵横欧亚九千里，称雄商场五百年。"在清代，全国排名前16位的大财团都在山西。晋商何以称雄五百年？晋商崛起的大致路线是：先是卖盐起家，然后靠票号享誉天下。明朝"开中制"政策的实施，使得山西商人获得了合法贩卖"官盐"的资格，独享贩盐的专营权长达120年。

至于票号，以1823年雷履泰开办平遥日升昌票号为标志，这是极大的金融创新，是中国金融史上的大事件。

晚清时期，山西票号几乎垄断全国的汇兑业务，并形成两大晋商劲旅：北号（票号）南庄（钱庄），开始做起"汇通天下"的买卖。相关专家考证，全国出现过的票号共有90家，其中山西票号就有80家。

汇通天下，相当于当时金融业的"互联网"，着实了得。千里之外，凭区区一纸汇票，万两白银即刻提取，这是什么水平？

在电视剧《乔家大院》里，乔致庸的岳父陆老东家在临死前说："一辈子做了那么多事，挣了那么多银子，合在一起也没有我那傻女婿'汇通天下'这一件事有意义。"

这里面，很多人看重的是晋商的诚信，的确，没有极高的诚信这事做不了。而我更看重这种金融创新精神和执行能力。要知道，这是一两百年前的事啊。

尤其令人惊讶的是，后人考证，整个山西票号史上，没出现一例有据可查的误兑错兑。想想现在，常听说用户存款不翼而飞，我们的银行机构能不为之汗颜吗？难道是我们不如古人聪明？难道是我们的技术不如古时先进？

山西票号的独到经验很多，比如密码制度，那种暗号和密码极为保密，防伪手法极为高超；又比如激励员工制度，把"企业"与员工牢牢地绑在一起，每位员工都自带防火墙，这也是晋商首创。

不过，我更想跟各位说说晋商字号中"不用三爷"的重要规矩。什么是三爷？指主管者家族中的少爷、姑爷、舅爷，不得参与票号内部业务管理。"不用三爷"的道理何在？那就是"利不容情"。很多人不是说"我们是人情社会"吗？人性是容易屈从于情感的，自家的亲人不好管。一个公司里，太多的"爷"可就麻烦大了。

该说说乔致庸了。电视剧《乔家大院》播出之后，人们都知道晋商中有乔致庸这样一号人物，雄才大略，爱做慈善事业。

也知道他要"汇通天下"，没将经济利益放在第一位，本意就是要构建金融体系，方便天下客商，解决商人大宗运送的苦恼，因为他早年就吃过大宗运送的苦，车马劳顿不说，还要雇用保镖押运。

这形象和历史上真实的乔致庸大差不差。可有谁知道，剧中的"霸盘"一幕竟然也实有其事！

当然，不是"高粱霸盘"而是"胡麻油霸盘"。乔致庸英雄了一世，但二儿子乔景仪做胡麻油霸盘却丢了性命，这是事实。霸盘是什么意思？就是垄断经营。乔景仪在仓库不够用时，居然让人把油倒进河里，目的就是要进一步推高油价。

他的对手，另一个山西著名商号"大盛魁"也不是好惹的主。

霸盘生意最终走到了你死我活的地步。乔景仪在亏掉巨额银两的同时，还丢了性命。

事实上，"不做霸盘生意"是乔家的祖训。乔致庸的祖上、乔家生意的创始人乔贵发，磨豆腐出身，之所以能够将乔家生意一夜做大，起初靠的就是黄豆霸盘的手段。

就在乔贵发终于迈进了富豪的行列时，有一天，他的商号来了一群云游的高僧，他们用自己全部的盘缠买了乔贵发的粮食。随后，给灾民开了一个免费的粥棚。高僧的义举让乔贵发羞愧不已，自此立誓，再不做霸盘生意。

痛定思痛，乔致庸后来做生意讲究诚信为本、义中取利，并做出诸多善行，也就不足为怪了。

商帮系列第二篇：神秘多金之潮汕商帮

> 谁说商战只能是你死我活，为何不能是多赢的格局呢？

出局！时任前海人寿董事长姚振华被保监会举起红牌。过去一年中，险资举牌上市公司事件不断发生，姚振华作为带头大哥，扮演着"门口的野蛮人"角色，最终激怒了监管层，也让自己从天堂跌入谷底。

万科、宝能之争一度成为社会热点，万科董事会主席王石到了被逼宫的境地。但就在与姚振华打得难解难分之际，王石还在微博上这样说："潮汕商帮是中国传统商帮的一支，聪明吃苦善经营，其足迹遍布五湖四海，至今更在商场上扮演重要角色……"云云。

像这样的商帮，中国从古至今有很多，他们以乡土亲缘为纽带，形成实力强大的商业集团，呼风唤雨，对商业市场施加影响。这个神秘的潮汕商帮，在清朝与晋商、徽商并列为三大商帮，在当代，更是出现了李嘉诚、林百欣、谢国民、陈弼臣、马化腾这样的商界巨头。

据统计，2015年有34位潮汕人跻身福布斯全球华人富豪榜，其中最富有的11人坐拥6000亿元财富。有人甚至评价，他们不喜见光，但控制了半个地球。

关于潮汕人的经商才能，史籍上有明文记载。民国初期出版的

《清稗类钞》记述:"潮人善经商,窭空之子,只身出洋,皮枕毡衾以外无长物。受雇数年,稍稍谋独立之业,再越数年,几无不作海外巨商矣。"

翻译一下:潮州人善于经商,穷小子去海外谋生,空着手去,不需多年,没有一个不成为巨商满载而归的。

的确,海外的潮籍商人最具代表性。与其他商帮最大的不同是,潮商的影响是国际性的。东南亚、欧美各地华人首富几乎全部是潮汕人。

在泰国,潮汕人有500万人之多,甚至掌控着泰国的主要经济命脉。另有媒体统计,在2000年潮商最鼎盛时期,香港股市40%的市值为潮汕人所有。

何以如此?据说,这和潮汕人的商业传统深厚有关。潮汕人是中国为数不多的"海洋型性格",自古以来就有着极强的开拓精神。

这也和潮汕商人的个性有关,潮汕人的共同特点是胆大,敢冒险,行事作风凶悍,这也是几个世纪以来,潮汕商帮屹立不倒的重要支撑。

接下来,要说"潮汕一哥"李嘉诚的经商才能。

李嘉诚,1928年7月29日生,汉族,原籍广东潮州潮安,祖籍福建莆田,长江实业集团有限公司董事长。自从1999年被福布斯评为全球华人首富以来,连续15年蝉联华人首富宝座。此人1979年购入老牌英资商行"和记黄埔",成为首位收购英资商行的华人。

39年前,在香港,李嘉诚主导了一场收购九龙仓的股权大战,和万宝之争颇有几分相似,展示了李超人出色的商业才华。

九龙仓不是严格意义上的仓库,而是香港最大的货运港,当时,怡和洋行是其大股东之一。

精于地产股票的李嘉诚算过一笔细账,九龙仓旧址地盘若加以合理发展,即使以高于时价5倍的价钱购买也是合算的。

于是,李嘉诚大举吸纳九龙仓股,采取分散户头的方式进行暗购。1978年3月,九龙仓股急速蹿升到每股46港元。

九龙仓的老板怡和洋行慌忙之中,向香港第一财团英资"汇丰银行"求救。据说汇丰掌门人亲自出马斡旋,奉劝李嘉诚放弃收购九龙仓。

此时,李嘉诚做出了一个决定:顺水推舟,以退为进,卖掉九龙仓股票,去争取更大的利益。那么,股票卖给谁呢?船王包玉刚。

结果,二人的会晤十分愉快。包玉刚很快就悟出了李嘉诚的精明之处。李嘉诚在用包玉刚所需要的来换取自己所需要的,这一"转让",可真是一家便宜两家的好事。

两个同样精明的人一拍即合,协议就这样签订了:李嘉诚把手中的1000万股九龙仓股票以3亿多的价钱转让给包玉刚。包玉刚协助李嘉诚从汇丰银行承接和记黄埔的9000万股股票。

这场被后来奉为传奇的"联手",直接影响到九龙仓从一家英资企业变为船王的家族企业,又间接促成了李超人成功吞并另一家英资企业"和记黄浦",使得英资在香港的势力格局渐成溃败之势。

九龙仓一战,成为商战的典范,李嘉诚是最大赢家。谁说商战只能是你死我活,为何不能是多赢的格局呢?

商帮系列第三篇：反哺故土之宁波商帮

> "富贵不还乡，如衣锦夜行，谁知之者。"（项羽）

上期我们说到潮汕商帮。"九龙仓"股权大战中，和李嘉诚一起进入我们视线的，是"船王"包玉刚。船王所属的这个"宁波商帮"也实在可圈可点。

要说宁波商帮，位列中国古代四大商帮之一，名头响当当的，和晋商、徽商、潮商齐名，至今影响巨大。有一句话，叫"无宁不成市"，这是清末民初民间流传的谚语，没有宁波人就无法形成市场，就做不成生意。您掂量掂量，宁波商人的举足轻重可见一二。

有人说，上海的崛起和香港的繁华有一半要归功于宁波帮。19世纪末20世纪初，有人做过一次调查，旅居上海的外来移民中，有影响的工商界人物，宁波帮占了七成。还有一大批实业家，他们根在宁波，创业在香港、台湾，诸如王宽诚、包玉刚、邵逸夫这样的风云人物。

孙中山先生在一次演说中充分肯定宁波商人的业绩，他说："凡吾国各埠，莫不有甬人事业，即欧洲各国，亦多甬商足迹，其能力之大，固可首屈一指者也。"你看，"首屈一指"，评价很高。

"宁波商帮"凭什么长盛不衰？如果说潮汕商帮是胆大，敢冒险，行事作风凶悍，"宁波商帮"则是诚信、团结以及具有现代商业意识。

这诚信精神，可以看作宁波商帮的传统，世界上最早的邮局"民信局"就是宁波人创立的。说到诚信，不能不提银行家宋汉章。他在1931年创立了中国保险公司，资本额250万银圆。

当时荣毅仁家族在汉口的一个纺纱厂投了意外保险，很不幸，发生火灾。要赔偿多少钱呢？200万银圆。

赔不赔？宋汉章的决定是赔，砸锅卖铁我也得赔。不仅全赔，速度还很快。荣氏家族非常感激，特意在《申报》上登广告致谢。此事，现在看来仍然可以作为诚信典范，值得弘扬。

接下来，要说说宁波商帮的"反哺故土"了。

凡宁波人在外地从事实业的地方，几乎都有宁波同乡会，这些组织有一个共同宗旨：扶助乡亲、报效桑梓。这种理念在宁波商帮中体现得尤为明显。

1984年8月1日，邓小平说了一句对后来影响深远的话："把全世界的'宁波帮'都动员起来建设宁波。"受讲话鼓舞，有"宁波帮"最先站出来响应号召：我要捐款！这就是"世界船王"包玉刚。他先无偿捐资1000万美元在北京建了一座饭店，然后为家乡宁波捐资兴建宁波大学。

邓小平的重要讲话，包玉刚的率先垂范，对海外宁波帮震动很大。赵安中、曹光彪、李达三、顾国华、汤于翰、黄庆苗、朱绣山等一大批海外宁波帮纷纷捐资。一时间，为故乡捐资办学在海外的宁波帮中蔚然成风。

这其中，邵逸夫的反哺事业更是有目共睹，无须我多说。不仅是宁波，全国各地大中小学校以"逸夫"命名的楼馆近3万座，真可谓爱心满满。

据不完全统计，仅1949年以后，海外宁波帮在家乡和全国用于助医、助残、助困、助教的捐赠金额就多达72亿元。

上回说到潮汕商人富甲天下，很多人就问了，作为潮汕商帮的根据地汕头为什么没发展起来？这事原因很多，说来话长。不过我们倒是鼓励各地商人学学宁波商帮，事业发达之后多多反哺故土，回报桑梓。

岂不闻"富贵不还乡，如衣锦夜行"吗？让家乡父老共享富贵，这不是皆大欢喜的美事吗？

商帮系列第四篇：儒商风范之安徽商帮

> "真诚对待你们的良心，你们会获得内心的安宁，祖上也会以你们为傲！"（《白银帝国》）

明朝戏剧家汤显祖诗云："欲识金银气，多从黄白游。一生痴绝处，无梦到徽州。"

在中国所有的商帮里，徽商属于最有气质的一群，这一点，看看徽墨、宣纸、歙砚就知道了。所以，"我是商人，但我是儒商"，最有底气说这话的应该是徽商，我称之为"儒商风范"。

这个范儿都包含哪些内容呢？至少包含了两个范儿：一是"商业范儿"，二是"读书范儿"。要说"商业范儿"，徽商曾纵横明清两代300多年，创造了中国商业史上的奇迹。一代代的徽州人靠贩运盐、茶、山货，经营文房四宝发达，故有"无徽不成镇，无徽不成商"的俗语。

要说"读书范儿"，那要说的可就更多了。徽州乃"程朱阙里"，尤其是朱熹，这个徽州人影响极大。徽商对教育非常重视，这成为徽商能够迅速崛起的内在决定因素，也使古徽州成为全国书院最多、状元进士最多的地方之一。在徽州人的内心深处，"天下第一等好事只是读书"。

徽商的人文素质较高，在发迹后尤其重视文化教育，往往回乡捐资助学、振文兴教，不惜斥巨资兴办学校和书院，鼓励读书，培养人才。比如，清代大盐商歙县棠樾人鲍志道一次就为该县紫阳书院膏火捐资 8000 两白银。

该说说胡雪岩了，这是徽商代表人物。

胡光墉（1823—1885），字雪岩，安徽徽州绩溪人，中国近代著名红顶商人。

有人说"胡雪岩的故事典型地体现了家国和天下的情怀"。胡雪岩功成名就，想开一个药店。对这个行业不懂，得招聘个 CEO。先来了两位，跟他说了一番怎么赚钱的事，他不置可否。第三位来的是余修初，宁波商人。

余修初就说："这做药店可是千金难得，一命难求。所以这阿胶得使东阿镇的，川贝得去云贵、青藏高原东延横断山脉那儿弄来，麝香得用天然的。我估计您前面这几年得赔好多钱，但是我敢保证，百年以后人家拿药都上您这儿来。"

"行了，就您了。"胡庆余堂是在这不赚钱的心态下开办起来的。

在我看来，这其实体现了徽商的第三个范儿："乐善好施范儿"。徽商当中可不只一个"胡大善人"，那时候，"江南言乐善好施者必曰徽人，言多财善贾者必曰徽人，徽人遂好施善贾名天下"。

徽商有乐善好施的优良品行，也有博大深厚的爱民报国情怀。这恐怕就要说到第四个范儿，"家国天下范儿"。

胡雪岩为什么要高价收购丝绵呢？当时，外国人为控制物价，联合起来拒绝买中国的棉纱、丝绸，胡雪岩就自己出钱把各地的丝绵集中收上来，亏我可以，不能亏了全国千千万万养蚕缫丝纺纱织布的普通百姓。

最终的结果是，胡雪岩赌输了。文化学者纪连海评价说："没有办法，你心中只要装着百姓、装着国家，你就得做出牺牲。"

这让我想到晋商的大起大落。晋商最后在兵荒马乱时期，很多票号搭上家底也要兑付客户的银子，最终导致元气大伤。

让我以电影《白银帝国》的台词结尾："真诚对待你们的良心，你们会获得内心的安宁，祖上也会以你们为傲！"

商帮系列第五篇：爱拼会赢之福建商帮

"三分天注定，七分靠打拼，爱拼才会赢。"（歌曲《爱拼才会赢》）

今天要说闽商，福建商帮。

说起这个闽字，有讲究。你看，闽字是门里有个虫，有人评价"福建人困在'门'内是'虫'，冲出'门'外就是'龙'"。这一说法可以形象地说明福建人海外经商的影响力。

福建多山，海却在家门口，闽商注定要乘风破浪前行。东晋末年，福建沿海已有商人行走异域，被称为海商；唐代闽商足迹遍布南海诸国。

如今，闽商被誉为"海外第一大商帮"，在遍布全球的5000多万海外华侨华人中，闽籍人士已经占据1/5，达1200多万人，分布在世界170多个国家和地区。所以现在社会上有这样的说法：世界上凡有人群的地方就有华人；凡有华人的地方，就有闽人。在欧洲，10个中国人中有9个是福建人。

同是福建商人，在不同区域，商人特点还有不同。

纵观闽商的历史，最有影响力的是闽南商帮、福州商帮和兴化商帮。而泉州、莆田、福州三大商帮从古至今干得最为出色。当然，莆田近年来因为民营医院的负面新闻，需要打上一个问号。

另外，民间曾流传："闽北商人安贫乐道，闽东商人求稳怕乱，闽西商人重宗内聚，闽南商人过'番'出'洋'。"从商人素质和商业精神的角度看，闽南商人更胜一筹。

我们都知道，《爱拼才会赢》是一首脍炙人口的闽南语歌曲。"三分天注定，七分靠打拼，爱拼才会赢。"非常鼓舞人心，已经成为鼓励人们努力向上的格言。

事实上，在福建当地，类似的格言还有很多，比如"少年不打拼，老来无名声""输人不输阵，输阵番薯面""争气不争财""三分本事七分胆"，这种拼搏冒险精神、爱拼会赢的特点完全可以用来概括闽商，而为人们津津乐道，甚至津津乐唱。

好了，该说说闽商的杰出代表、橡胶大王陈嘉庚先生了。陈先生，福建同安县集美社人，为新中国做出过杰出贡献。

他不仅是伟大的爱国者、著名的实业家，还有一个身份人所共知，在如今的集美学村和厦门大学，陈嘉庚被师生尊称为"校主"。不仅是集美学村和厦门大学，他先后创办和资助的各种类型学校，总数达118所。

陈嘉庚17岁去南洋经商，一贯主张"国家之富强，全在于国民，国民之发展，全在于教育"。他把办学当作了一种职责。

事实上，陈嘉庚事业达致顶峰时，拥资一两千万元，在当时的华人企业家中，比他富有的人为数不少，但为国家和民族兴学育才始终如一地慷慨捐资的，唯有陈嘉庚。

另一方面，这位大实业家的个人生活十分简朴。他在自传中写道："我之个人家庭，年不过数千元，逐月薪水足以抵过。在集美建一住宅，不上一万元，他无所有。"

陈嘉庚在海外多年，经商才能数一数二，财富观念也比较超前。他主张"财自我辛苦得来，亦当由我慷慨捐出，不遗财产给子孙"，所以，他的家产几乎都倾注在教育和支援抗战上，没有留给子孙。

晚年的陈嘉庚回到祖国，对教育的倾注有点让人心疼。年过七旬，办学很是拼命。他身体不好，却每天坚持6点起床去工地上查看，一直到后期病倒。这样一个爱拼的闽商，同样是人生赢家，赢得生前身后名，赢得世人长久的崇敬。

商帮系列第六篇：草根创业之江右商帮

> 很多人认为无奸不商，所以才能聚敛钱财，但未见众多大商巨富急公好义、古道热肠的一面。

古书上记载：江东称江左，江西称江右。所以古代江西商人被称作"江右商帮"。

江右商帮从宋代开始，有900多年的历史。具有资本分散、小商小贾众多的特点。既没有徽商那样堪比王侯的富商巨贾，也没有晋商那样经营着网络全国的票号，更没有浙商那样成为中国近代资本的源头，但凭什么可以十大商帮有其一呢？

沈从文先生曾生动地描绘了他所了解的江右商帮："一个包袱一把伞，跑到湖南当老板。"

在云南彝族，至今仍传诵着"江西货郎哥，挑担到你家，你家小姑娘，爱针又爱线"的歌谣……江右商人中这样从小买卖做成大生意的例子不胜枚举。

明代的福建人谢肇淛《五杂俎》将江西商人和徽州商人进行了比较：单纯从经营的角度看，徽商和江右商的理念和手段引领天下商人，不同的是，徽商资本雄厚，江右商则是"小本经营"，"小买卖"居多。

江西师范大学资深教授方志远有一个观点，江右商帮绝大多数是弃农经商、弃儒经商者，多为"挟小本，收微货"。江右商帮以人数众多、积极活跃、不避艰险、渗透力强著称，极具草根色彩。如此，江右商帮位居十大商帮，占有一席之地并不奇怪。

该说说代表人物李宜民了。

李宜民，清代著名盐商，享有"临川李氏"盛名。李宜民身上很能体现草根创业的特点。

他少年丧父，生活无着，寄居在舅舅家，长大后学做生意，曾携一支笔、一柄伞以代人写文字书信为生，这大概就是沈从文对江右商帮的印象渊源。

李宜民后来何以出人头地？有一件事不能不提。他曾经和朋友往来于桂南太平府（今崇左县）土司地区进行贩运，途中遇瘴气毒雾，其他五人都染病而亡，只有李宜民侥幸活下来。

这时，他干了一件事，耗尽全部积蓄，将亡者灵柩运回桂林安葬。

这不能不让我想到电影《落叶归根》，赵本山饰演的民工老赵南下深圳打工，好友老刘不幸死在工地上，老赵一路历尽艰辛将老刘的尸体运回老家。这事做得厚道！

李宜民的盐商生涯一开始是地方官府推举，代表官府从事盐业的运销，但他充分发挥了商业经营和管理方面的才能，大显身手。

后来，李宜民实际成为官府在广西的最大盐业代理人。最后，成为垄断广西地区最大的盐商，其财富积累也迅速膨胀，致富百万，富比王侯。

关于这段，还有这样一个传说：那时候李宜民在外做一些贩卖肉桂的生意，一天在船上听到隔壁船有妇人在哭。他过去问缘由，原来妇人的丈夫犯了事正在牢里。李宜民听后，将他所有做生意的钱拿出来帮妇人把丈夫赎了出来。

李宜民救的这位仁兄后来升了官，为报答李宜民的救命之恩，问他想做什么官？李宜民答不想做官，只想做生意。当官的说，你要做生意就做盐商吧，好做些。

这事也的确符合李宜民助人为乐的性格，很多人认为无奸不商，所以才能聚敛钱财，但未见众多大商巨富急公好义、古道热肠的一面。

我说过徽商胡雪岩的成长经历。胡雪岩小时家里穷，按说这样一个"拼二代"是没有多少上升通道的。

事情的一个分水岭就是他13岁那年捡到一个蓝布包袱，包袱里面全是金银财宝。小雪岩不为所动，最后完璧归赵。这个活雷锋就这样被发现、被培养，后来顺风顺水，一路总有人帮助提携，27岁就当上了钱庄老板。

所以说，人品才是最高的学历。对于草根创业之辈，除了勤奋，最大的本钱莫过于人品。

非常神奇的是，李宜民在中年时因过度劳累，身体渐渐不支，60岁后忽然长了新牙，红光满面，有点返老还童的意思了，而且智力增强，身体健朗，活到95岁。

现在，类似返老还童的现象也有报道，但毕竟少见。所谓"德出而福反"，大德行必有大福报，这也算是活生生的案例吧。

商帮系列第七篇：信义为怀之山东商帮

"不义而富且贵，于我如浮云。"（《论语》）

鲁商，山东商帮。鲁商的历史可追溯到春秋时期的齐国，宰相管仲进行改革之后，齐国出现了中国商业史上首个繁荣期。

司马迁在《史记·货殖列传》中记载，邹、鲁"好贾趋利，甚于周人"。也就是说，山东人的生意头脑在商周时期就体现出来了。

到了清代，"瑞蚨祥""便宜坊""四大堂""八大楼"，鲁商威震北京数百年；至于现代，如海尔、海信、青啤、张裕等"鲁商军团"，跨出国门，屡创商业奇迹，同样让人刮目相看。

山东商帮有山东人的特点，重在一个"义"字上。山东商帮的特点是质朴单纯，豪爽诚实，讲求信用。

如果以漫画的手笔刻画山东商帮，那会是什么形象呢？左手拿着《论语》，右手拿着算盘。这有好的一面，子曰："不义而富且贵，于我如浮云。"儒家义利观的长期教化，使鲁商这个群体格外具有道德感。重信义，讲规矩，恪守信用，办事靠谱。经营方式非常实在，生意做起来很踏实。

稍微不利的一面，"重农轻商""重义轻利"的孔孟之道，压抑了鲁商的形成。19世纪中叶，有德国人李希霍芬曾做出这样的评价：山东人就其精神来说，能成为好官吏，学问也精湛，却不太适合于商业。

有一个典型的例子。商业巨子孟鸿升于1893年创办瑞蚨祥绸布店,直到今天,还屹立在北京前门。他数次去邹城认祖,却屡次被拒门外。因违背祖训,弃学从商,家族不认他。

该说说鲁商的两个代表人物了。一个是子贡。作为孔子的弟子,孔子周游列国宣传自己的政治主张时,子贡一直陪伴左右,顺手把生意做了,而且做得还挺大。

这是子贡厉害之处。他不仅具备经商致富的本领,还继承并发扬了孔子的儒家学说,因此被后世尊称为"儒商鼻祖"。

另一位是陶朱公,富甲一方。他的财富故事我此前说过,更能体现信义的特点,他仗义疏财,三聚三散,后人尊他为"财神"。

陶朱公,本名范蠡,曾辅佐越王勾践复兴越国。随后,大功臣范蠡放弃高官厚禄,修书一封,辞职走了,这就是他的"一聚一散"。

范蠡辞官后,改名换姓,到了齐国,没有几年,靠耕种又成了大富翁。齐国人仰慕他的贤能,请他做宰相。他觉得名声太大不是好事,于是将家财分给乡邻,再次隐去,这是"二聚二散"。

后来范蠡来到陶地,自称"陶朱公",开始做物品贸易。时间不长,又赚了大钱。但是,陶朱公再一次把钱财散尽。这是他的"三聚三散"。

正是因为陶朱公有这"三聚三散",后人才把他尊为"财神"。史学家司马迁为此赞叹说:"陶朱公三迁皆有荣名。"意思是搬了三次家,都留下了好名声。

关于"财神"陶朱公的义气,还有一件小事咱们来掂量掂量。

有一次,陶朱公资金不足,周转困难,向一富户借了10万钱。一年后,这个富户带着各家借据出门讨债,不慎把包裹掉到江中,几十万钱的借据和路费都化作乌有。走投无路,来到陶朱公家。

陶朱公知悉情况后,不仅连本带息还了钱,还额外送了一笔路费给这名富户。他的仁义之名也由此广为传播,做起生意,更是顺风顺水。

这样的人物,不仅是鲁商的骄傲,也是整个中国商人队伍的光荣吧。

商帮系列第八篇：钻天有术之洞庭商帮

> 洞庭商帮以弹丸之地而成著名商帮，难道是一种偶然吗？

在十大商帮中，苏州洞庭商帮是特殊的存在。用"小而强"来形容最是恰当。

说它小，洞庭商帮是活跃在洞庭东西山一带的商家，现在分别为苏州吴县东山镇和西山镇，面积分别为 80 和 90 平方公里，就在这样一个狭小的区域内，自明清以来，却形成了一个极著名的商人资本集团——洞庭商帮。

说它强，你看民间谚语"钻天洞庭遍地徽"，洞庭商帮有怎样的本事，居然能和鼎鼎大名的徽商相提并论呢？

明代著名文学家、苏州人冯梦龙说："洞庭两山之人，善于货殖，八方四路，去为商为贾。所以江湖上有个称号，叫作'钻天洞庭'。"这说的是洞庭商帮思维活跃，善于钻营，因此得了"钻天"的封号。

"钻天"二字，第一，说它天下所至无所不至，指商游范围极广；第二个意思，善于捕捉商机商情，能及时调整经营内容；第三，灵活多变，指经商技巧高超。

洞庭商人审时度势，把握时机，没有与徽商、晋商在盐业和典当经营上争夺市场，而是扬长避短，稳中求胜，利用洞庭湖得天独厚的经商条件贩运起米粮和丝绸布匹。

他们还不断更新观念，开拓经营新局面，向外部世界发展。尤其是鸦片战争后，洞庭商人在上海利用自己的"钻天"之术，开辟了买办业、银行业、钱庄业等金融实体和丝绸、棉纱等实业。

在新的历史背景下从事不同于以往的商业活动，由此，洞庭商帮产生了一批民族资本家，走上了由商业资本向工业资本发展的道路。

有份资料叫《上海钱庄史料》，记载的是1921年至1933年上海银行的状况，与宁波帮并立的是洞庭商帮，洞庭商帮的小而强由此可见一斑。中国近代史上的江浙财团正是从这两个商帮演化而来。

自20世纪40年代起，部分洞庭商人逐步由内地向外拓展，将钻天洞庭的足迹留在美国、香港、台湾等地，如今全世界五大洲几乎都留下了洞庭商帮的身影。

该说说洞庭商帮的代表人物。若论经商才能，又特别重视商业道德的人物，我觉得叶氏家族的叶良辅可算代表。

叶良辅祖上世代经商，家境殷实。他善于经营，家业兴隆。最值得一说的是，他为人豪迈，轻财好义，喜救人危急。

有一年，临清等地遇到饥荒，良辅将燕赵之人欠他的十万两白银的债据全部烧掉。这一手，让人想到孟尝君，孟尝君手下冯谖也替孟尝君干过这样的事，让他去收债，他把还不起债的叫到一块，一把火将债据烧了，给孟尝君带来不少好名声。

再后来，叶良辅还做了一件"惊天"的事，协助张永除掉祸国殃民的大宦官刘瑾。

当时，刘瑾专权，大肆陷害排斥忠良，朝中数以百计的大臣被算计。叶良辅深知宦官当权，天下必乱，说了一句话："刘贼不除，国无宁日。"于是，他成为除掉刘瑾的主要策划人。

刘瑾被除掉之后，为答谢叶良辅谋划之功，有人要给叶良辅报功，叶良辅婉言谢绝，事成后回归故里，在后山铁拐峰下度过余生。

这件事，和叶良辅轻财好义、喜救人危急的性格是一脉相承的。要说"钻天"，我看这件事特别有代表性。

这样的急公好义，在叶氏家族中似乎成了家风。叶氏后代当中，这样的人又出来不少，叶秀林，经商四十年，诚信不欺；叶成荫，济人穷困，也留下了仁义的好名声。

洞庭商帮以弹丸之地而成著名商帮，难道是一种偶然吗？

商帮系列第九篇：崇尚实业之江苏商帮

> "一个人办一县事，要有一省的眼光；办一省事，要有一国之眼光；办一国事，要有世界的眼光"。（张謇）

"腰缠十万贯，骑鹤下扬州。"和已成历史名词的其他古代商帮不同，作为活生生的范例，苏商在当今的长三角经济圈中仍然活力四射。

上回我们说到的苏州洞庭商帮，其实是苏商的先驱，自明清以后，无锡、扬州、常州、镇江等地的经商者们纷纷加入阵营，形成了当今世界独具特色的苏商群体。

事实上，"苏湖熟，天下足"，宋元时期，江苏就是全国的"鱼米之乡"，也率先出现了众多的工商集镇和工商城市群。发展到近现代，一批极具学养的工商实业家出现，在"经世致用"与"实业救国"的旗帜下，南通的张謇、苏州的贝氏家族、无锡的荣氏兄弟这些近代工业发展的领军人物一涌而出，江苏被誉为中国近代工业的发祥地。

无论数量和规模，苏商创办的实业都让其他商帮望尘莫及。及至20世纪30年代，苏商空前壮大，成为当时上海滩最重要的一股经济势力。

该说说苏商的代表人物了。我们熟悉不少"新苏商"，联想集团创始人柳传志、京东商城创始人刘强东、格力掌门人董明珠等,但历史上作为苏商代表的大苏商张謇更是为人津津乐道。

张謇,被称为状元实业家,中国棉纺织领域早期的开拓者。他主张"实业救国",一生创办了20多个企业,370多所学校,为我国近代民族工业的兴起,为教育事业的发展做出了宝贵贡献。

张謇在41岁的时候,得中一甲第一名状元。正当他踌躇满志准备在政治上大干一场时,甲午战争爆发,中国战败。国难当头,朝廷腐败,"变法自强""实业救国"成为社会潮流。张謇认为,有头脑的知识分子应当为国家做点实事。于是他主动放弃高官厚禄,回家乡南通创办实业。

张謇敏锐地察觉到大清当时从国外进口最多的就是棉、铁,仅这两项,每年2亿两白银,比什么赔款都厉害。他因此决定,办纺织业来抵御外国的经济侵略。

"一个人办一县事,要有一省的眼光;办一省事,要有一国之眼光;办一国事,要有世界的眼光。"张謇的理念决定了他事业的规模,当时西方各国忙于第一次世界大战,给中国纺织市场留出了一个巨大空间。

1913年以后,和其他地方的纺织企业一样,他创办的大生一厂、二厂连年赢利,兴旺一时,仅1919年两厂赢利就高达380多万两白银,创下最高纪录。

张謇在南通所做的实业众多,大多是与民生相关的各类工厂,逐渐形成工业区,还建了码头、发电厂、公路,成为中国早期民族资本主义的基地之一。

曹靖生在《张謇奋斗史》中提到,张謇一生创造了巨大财富,而他给自己取号叫啬翁。他常说一句话:"该用者,为大众用者,虽千万不足惜;自用者,消耗者,一文钱也须考虑,也须节省。"他的一双袜子缝补过七八次还舍不得扔,十几年中只做过两件长袍。

一次,他在纱厂车间巡视时,看见一个纱工随手将两张纸扔在地上,他连忙捡起来,用手抹平,递给身后的襄理。他把大部分收入都用在不能产生利润的公共事业上,有记录的就有150多万两白银。

有评价认为,张謇是中国现代化事业的开拓者和先驱。他所开创的"南通模式"是中国工业和城市发展的有益尝试,他所主张的"棉铁主义"为实业救国的良方。

虽然他生意做得很大,但业界并不简单地把张謇称为"商人",他似官而非官,似商而非商,既无大权,也无巨富,但政治和社会声望极高,所以被称为"绅商"。

用今天的视角来看,他是一个具有强烈社会责任感和理想主义色彩的实业家兼公益活动家。

在特殊历史背景下,张謇这位状元用实际行动圆自己的兴国之梦,难能可贵。而今天,这个"实业救国""实业富国"的主张依然有着现实意义,不是吗?

商帮系列第十篇：丝路硬汉之陕西商帮

> "骏马快刀英雄胆，干肉水囊老羊皮。"

陕西商帮曾是个大商帮，有600年辉煌的历史，可惜至今已少人知晓。

近600年里，陕西、山西两省的山陕商人从盐业起步，发展到棉、布、粮、油、茶、药材、皮毛、金融等各个行业，成为名震全国的商业资本集团，与晋商、徽商齐名。

这个商帮的特质，我概括为"丝路硬汉"。说"丝路"好理解，"万里丝路起长安"，作为曾经的起点，陕西见证了古代丝绸之路的辉煌，这可以追溯到秦始皇。

那么，为什么用"硬汉"来形容一个商帮？原因有两个。

首先，业内评价，陕商是中国历史上第一批"西部牛仔"。

秦人性格本就强悍，尚气概，重勇力，向死轻生。西部贸易虽环境恶劣，却难不倒陕西商人，"骏马快刀英雄胆，干肉水囊老羊皮。"陕商形象就是这么硬朗，说他们是中国西部开发史上的第一批"西部牛仔"，其实饱含赞誉。

其次，陕西商人被称作"人硬、货硬、脾气硬"的"三硬商人"。

什么叫人硬？人品过得硬，不坑蒙拐骗；什么叫货硬？货好，过得硬；什么叫脾气硬？跟陕西人讲不到一块去，他一句话就把你顶死了。

这个性格的好处是忠厚耿直，言不二价，缺点可能是缺乏变通，所以，陕商从中国传统商帮向现代商会转型比较艰难。

虽然如此，陕西商帮数百年的商贸活动仍为我们留下了丰富的历史遗产。比如，陕西商人与山西商人共同创造了"合伙制"的经营体制，这是明清之际中国商界的一个大事件。他们机智地解决了掌柜与投资人的"利益一体化"问题，利用"人身开股制"即掌柜人身入股，将掌柜的利益与企业捆绑在一起。

这是中国历史上最早和最成功的企业制度创新，今天依然有借鉴意义。

陕西商帮硬朗磊落的做事风格实则也是遗产之一。

传统陕商来自黄土高坡，大多带着农家子弟的淳朴品质。近代的陕商虽然在身份上有变化，但仍保留着仁义平和这一特点。一方面，他们在与人交往中绝无霸气，平等互利；另一方面又很豪爽耿直，使得贸易中的摩擦大为减少。

先说说陕商的诚信。有合阳商人安尚起，在河南做生意，不幸去世了。他的妻子闻讯，变卖家产，赶赴河南为丈夫还债，人死账不能赖，债主们很受感动。如果放到今天，估计能上《感动中国》。

再说陕商的仗义。陕西大荔商人赵第魁，年少时家中贫困，在四川给人做伙计。碰到东家有冤案，第魁愤愤不平，帮他打官司，申雪冤情。东家感其恩情，想把店送给他，第魁旋即告辞回家，并对东家说："我帮你打官司是出于道义，路见不平罢了，如果取你家财，我成何人了。"

陕商的忠厚也值得一说。陕西商人冯翊睦，永乐年间在山东临清做生意，有一次捡到客人丢失的一百两银子。当时，失主正因丢失银两心急如焚。翊睦问得实情，悉数返还。

渭南商人白凤舞在羌镇开当铺，有一商人从他的当铺借银归去，路上丢失白银百两，不意被凤舞捡到，凤舞将银子送还给他，失主感激不尽。

　　陕西商人崔维荞赴山东做生意，行至河南，在旅店拾得白银三百两，维荞守了好多天，等失主认领。失主来了，原来这是山西商人朱应孚买布的钱。朱应孚以五十两作为报答，维荞笑曰："分你五十两银子，我何苦在这里等你数日呢！"

　　至此，商帮系列画上句号。这十大商帮，有的已经退出历史舞台；有的完美转身，至今依然活力四射。

　　长江后浪推前浪，如今，更多的新商帮已经崛起，但正是这些中国传统商帮群体，这么多行商坐贾的优秀品质，这么多成功或失败的商业经验，造就了中国商业的不朽传奇，值得我们一读再读，掩卷长叹。

附录

"四维写作"简明技法

作为媒体人,无论主持还是评论,都要跟文字打交道,一写就是二十余年。对写作一事略有心得。很愿意把这么多年的经验和盘托出,与诸君分享。

一句话概括,"四维写作"技法分别是:一、文字力度;二、情感纯度;三、生命厚度;四、思想深度。

这四个维度,在一篇文章中不要求同时具备,但若能"四维"兼而有之,必属上上之作。

下面,我来一一阐释"四维写作"的几大要点。

一、文字力度

语言大家之所以是大家,就在于出色的语言文字驾驭技巧。文字力度,是指语言文字的表现力、感染力、冲击力,直接关系作品的观感。人人胸中有,个个笔下无。

汉语言文字很神奇,常用汉字几千个,却何止千万种组合,可以表达曲折的故事、动人的情节、丰富的情感。周兴嗣《千字文》,一千个字,没一个重样,文采斐然;苏东坡《记承天寺夜游》,八十多个字,潇洒飘逸,同样张力十足。

(一)"文无定法"是真的吗

很多人以为,"文无定法"的意思是写作根本没有规律可循。其实不然。文无定法并非无规律可循,而是方法很多,你不要拘泥一定之规,不必遵照常理出牌。

"文无定法"后面,再加四个字就好理解了,"随机应变"。事实上,事件是千变万化的,情感是丰富多彩的,惯有的写作也需要除旧布新。正像《易经》的易,你可以有三种理解:变,不变,随机应变。不变是相对的,变是绝对的,随机应变才是极好的。

譬如,画一头大象,常人从身体画起,高明的画家则可以从任意部分画起,大腿、尾巴、耳朵、鼻子、象牙甚至是眼睫毛。开始,你以为他画的是柱子、蛇、蒲扇、草绳或者萝卜,看到最后,一头大象跃然纸上。

写作也一样,条条大路通罗马,为何不能"直出函谷关"呢?为何不能走羊肠小道呢?都按套路走,定法就变成固定呆板的代名词了。应该怎样?看菜吃饭,量体裁衣,到什么山唱什么歌。

为什么要讲随机应变?还因为,"文似看山不喜平","人贵直,文贵曲"。

"文似看山不喜平",出自清代袁枚《随园诗话》,意思是写文章好比观赏山水,最忌平坦无奇,都喜欢峰峦起伏,绝崖飞瀑。"若如井田方石,有何可观?惟壑谷幽深,峰峦起伏,乃令游者赏心悦目。或绝崖飞瀑,动魄惊心。山水既然,文章正尔。"写文章也要写出起伏和波澜,才能吸引人。

所以,写文章,难免要运用多种表现手法,叙述、议论、抒情,可以兼而有之,随时切换;倒叙、插叙、伏笔、铺垫,合理运用,势必奇峰迭起,更不要说各种修辞手法的综合运用。

(二)信、达、雅

这是我国清末新兴启蒙思想家严复提出的,他在《天演论》中的"译例言"讲道:"译事三难:信、达、雅。求其信已大难矣,顾信矣不达,虽译犹不译也,则达尚焉。"翻译作品,信,就是内容忠实于原文;达,就是文辞畅达;雅,就是有文采。

这同样可以作为我们遣词造句的标准:信,准确;达,精到;雅,雅致。准确,无须多说;精到,传达出具体而微的差别;再上层楼,就是雅致,这需要更高明的文字修养。

想要信达雅,需要锤炼字句。贾岛说"两句三年得,一吟双泪流"。"僧推月下门"还是"僧敲月下门"是很好决定的,"敲"字更佳。但你写一写《红楼梦》试试,"字字看来皆是血,十年辛苦不寻常"。很多上佳的文字,的确需要用生命去推敲,饱蘸心血去书写。

关于锤炼字句,也有诀窍,白居易总结炼诗有四种方法:"一曰炼句,二曰炼字,三曰炼意,四曰炼格。炼句不如炼字,炼字不如炼意,炼意不如炼格。"四种炼法中炼格与炼意是最重要的。

其实,从"四维写作"角度看,炼句、炼字属于文字力度之列,炼意、炼格则属于情感纯度、生命厚度和思想深度的范畴了。这从侧面印证了情感纯度、生命厚度及思想深度对于写作的重要性。

(三)言之无文,行而不远

"言之无文,行而不远。"这是孔子说的话,语言没有文采,传播不会久远。

要说文采,古诗文经典中,有太多高度凝练、表述精美的句子。如果在作文中偶尔引用,可使文字生辉。所谓"读书破万卷,下笔如有神",多一些古诗文积淀有好处,作为文化的源头,"前人之述备矣"。中华古诗文乃至于世界文化经典是个宝库,无须密码,人人可以开启。

另外,文采多出自多种修辞手法的熟练使用。比喻、夸张、排比、通感等修辞手法,都会倍增文采。

夸张:李白有"燕山雪花大如席",如此夸张,形象生动,让人豪气顿生。

排比： 贾谊《过秦论》："秦孝公据崤函之固，拥雍州之地，君臣固守，以窥周室。有席卷天下，包举宇内，囊括四海之意，并吞八荒之心。"如此排比，显得文气纵横。

通感： 朱自清《荷塘月色》："微风过处，送来缕缕清香，仿佛远处高楼上渺茫的歌声似的。"又比如，"自在飞花轻似梦，无边丝雨细如愁"。如此通感，妙处难以言说。

比喻： 沈从文《边城》里有这样的句子："雨落个不止，溪面一片烟。"如此比喻，这样的诗化语言，显得分外雅致，过目难忘。

(四)"凤头猪肚豹尾"是怎么回事

这是元代文人乔梦符谈到写"乐府"的章法时提出的。开头，像凤头那样美丽、精彩；主体，像猪肚子那样，内容充实丰富；结尾，像豹尾一样有力。

凤头：

开头一定要抓人，好的开头，先声夺人，成功一半。这是"盖浇饭"原理，把最好的菜放在上面，会让人胃口大开。写作也一样，先上华彩，然后徐徐铺陈；或者设置悬念，引发阅读兴趣。

美国阿桑普森学院的英语系教授詹姆斯·郎认为："对于大多数读者来说，他们只会根据开头短短几个字句来判断是否要读完整篇文章。如果作者无法在开头就抓住他们的眼球，并让他们保持兴趣，在他们尚未领会作者文章后面的高深见解前，他们就放弃了阅读。"

好的开头是什么样的？"山如眉黛，小屋恰似眉梢的痣一点。"这是李乐薇《我的空中楼阁》的开头。这个比喻，造语新奇，鲜活生动，引人入胜。

狄更斯《双城记》的开头，"这是最好的时代，这是最坏的时代；这是智慧的时代，这是愚蠢的时代……"这种对比强烈的语言，极具思辨，蓄势待发。

在新闻写作中，最常见的"倒金字塔"结构，也是同样道理。把最重要的内容放在开头，写进导语里。然后是次重要的，次次重要的，依次展开。

猪肚：

一篇文章质量如何，还要看主体内容，是不是有料有货。

金庸小说《天龙八部》随着故事展开，一个结构庞大的"猪肚"呈现在眼前，各种人物、各种情节、各种枝蔓，高潮迭起，让人眼花缭乱。

典型故事必不可少，也要重视细节的感染力。例如杰克·伦敦的《一块牛排》，拳击手汤姆·金每打一个回合就会想到那块没吃到嘴的牛排。在一块牛排上极尽渲染，更能突出人物的内心冲突，命运的荒诞。

豹尾：

好的结尾，要收束有力，韵味无穷。

贾谊的《过秦论》，整片文章雄论滔滔，最后以一句"仁义不施而攻守之势异也"收尾。戛然而止，敲砖钉脚，可谓典型的"豹尾"。

（五）起承转合

这是艺术创作常用的结构技巧之一。起，是起因，文章的开头；承，是过程；转，是转变，或结果的转折；合是对事件的议论，文章的结尾。出自元代范德玑的《诗格》："作诗有四法：起要平直，承要舂容，转要变化，合要渊水。"

一篇文章的起承转合，相当于说话时的抑扬顿挫，高高低低，起起落落，分外好听。写作也一样，一波三折，移步换景，也会好看。这其实告诉我们，行文时不要停留在一个层面，说车轱辘话，而要层次丰富，逐渐深入。

事实上，一首小诗，一篇短小的文章都可以做到起承转合。以拙作《游鱼和飞鸟》为例：

路中间躺着一条小鱼，惨不忍睹。

想要无视走过，终觉不忍，返身将它安放在树丛下。它光鲜的人生就这样枯萎了，几片树叶是它简陋的棺椁。（起）

同是今天，家里的芙蓉鸟死了，被埋葬在另一棵树下。鱼不再游，鸟不再歌唱。（承）

前几天，刚刚放飞了两只画眉。它们飞到树上，婉转鸣叫许久，那种悦耳和欢愉，是在笼中从没发出过的。听了，简直让人激动得泪下。（转）

放生，也许有诸多问题，但生命那片刻的自由和欢愉，便是生存全部的意义吧。（合）

二、情感纯度

情感纯度，是指我们写作时是否动用真情实感。一片丹心是诗坯，情感是否真挚纯粹，直接影响着作品的成色。我主张，作文先走心，再走笔，准差不了。

骆宾王五岁写《咏鹅》，笔下的白鹅形神兼备，"白毛浮绿水，红掌拨清波"，文字力度和情感纯度够了，已然极具感染力。

（一）真情实感

这是我秉持的写作十二字箴言：真情实感、真情实感、真情实感。

语言力度，如果没有情感纯度做根基，所谓的文采就是浮华空洞，所谓的才华就是装腔作势，这是作文最大的忌讳。

语言力度和情感纯度要辩证来看。文采，当然是我们追求的，但若情感虚假，内容空洞，这样的文采不要也罢。如果故事生动，感情真挚，干货甚多，最平实的叙述反而更容易抵达人心。事实上，很多高明的作家，都会抱朴守拙，返璞归真，洗却铅华，追求平易。这是更高明的写作技巧。

真情流露，是写作的源泉，也是写作的动力，你有话要说，有真情要表达，好句子自然从你心底里汩汩流出。

（二）情感爆点

这是我发明的词汇。所谓"情感爆点"，就是特别引发你情感冲突或共鸣的地方。某个人你特别感激，某件事你特别气愤，某个观点你特别不同意，这都是情感爆点。

这是我的切身经验，就是从感受最深的地方入手。当你一下子打开情感闸门，你的叙述自然声情并茂，你的抒情自然真实动人，你的议论自然具备打动人心的力量。

临场写作，审题、打腹稿的过程，就是酝酿情感爆点的过程。是愤怒，是赞叹，就从那个点落笔。这种真情实感，会驱动你调动有感染力的词汇，形成有冲击力的句式，铺展开饱满的内容。总之，随着情感的波涛，流淌出的文字，必是有品质的文字。血管里流出的都是血，水管里流出的都是水。

（三）共情能力

共情，也称为神入、同理心，用流行的词汇来说，就是"代入感"。我们以他人之心为心，就叫共情。

共情，实在是一种必要的创作能力，想让人身临其境，自己必须感同身受。那么，写小说是否也要真情实感呢？是的，戏假情真，故事是虚构的，感情却是真实的。当你共情能力强，你就可以纵横古今上下千年，去揣摩人心，书写人性。

由此，我们就能理解李白"举杯邀明月，对影成三人""相看两不厌，唯有敬亭山"的境界，同时也心有戚戚了。

三、生命厚度

生命厚度，是指人生阅历、生命体验的综合积累。生命厚度，往往决定了文章的厚度。关于生命厚度和文章质量的关系，可以用我的一首诗《生命诗章》来理解：

生命是蝉蜕／越苦痛／越成长
生命是玫瑰／越荆棘／越芬芳
生命是洪荒之力／越绝境／越释放
生命是海洋之星／越沉淀／越珍藏

等于说，越有生命厚度，文章质量越好，越发具有穿透历史、留存后世的价值。

(一) 生命含量

主持人蔡康永发现，"乡间老农一句话，常常比庙堂之上大人物一百分钟的演讲动人，因为老农的一句话里面的'生命含量'很高，能够打动我们。"

这一句顶一万句现象很值得思量。有点像炼金术，从大量的矿石中，提炼出一点金子。有人用一辈子的经历提炼出一个句子，这一个金句，饱含生命含量。很多人流利地说着正确的废话，为什么？因为他是照本宣科的，或是人云亦云的，而不是用生命体验来说话。那种来自生命体验的语言，可以是不全面的，可以不是真理，但一定是"我"的真实体验，即使抛开表达技巧，也一样自带弹幕，打动人心。傅园慧说"我已经用了洪荒之力了"，这就是生命含量。

辛弃疾说："少年不识愁滋味，爱上层楼。爱上层楼，为赋新词强说愁。"这是年轻人的状态，戏不够，情来凑。

"而今识尽愁滋味，欲说还休。欲说还休，却道天凉好个秋。"等有了生命体验之后，太多的语言已经多余了，那些多愁善感的矫情的话就不说了，倒是这句"天凉好个秋"是发自肺腑的真实体验。人生之秋，也带着彻骨寒。

(二) 文章憎命达

"文章憎命达"，意思是说，越是时运不济，越出好文章。难道好文章和好命运是有仇的吗？与此类似，还有一句，"忧患出诗人"。诗人饱经忧患，反倒好诗一首接着一首。看看杜甫就知道了，一生没写几首快诗，沉郁顿挫了一辈子。

南唐后主李煜也是个鲜活的例子。前半生当皇帝，写了无数香艳浮华的诗词，乏善可陈；后半生当阶下囚，写下了大量传世的篇章。

这正是："国家不幸诗家幸，赋到沧桑句便工。"锦衣玉食的生活，高高在上的状态，他的生命体验是肤浅的，所以，即使语言力度和情感纯度都够了，但生命厚度不够，文字的感染力有限。

有一天，当"小楼昨夜又东风，故国不堪回首月明中"，那种深入骨髓的生命体验便让他的文字别具张力，"问君能有几多愁，恰似一江春水向东流。"一怀愁绪，尽付流水，这样的情绪固然惆怅，但这样的句子，却是多么漂亮啊。

据说，乾隆一生作诗有五万首，是历史上最高产的诗人，但没什么用，西湖边的石碑上如今还留着几首乾隆御笔，但看后根本留不下印象。倒是一个叫金昌绪的人，生卒年不详，身世不可考，只留下一首《春怨》，就收录进全唐诗，奠定了自己在诗歌史上的地位。那诗写得小巧轻灵，有生活，有生命体验，真挚而动人。

> 打起黄莺儿，莫教枝上啼。啼时惊妾梦，不得到辽西。

那穿透了岁月经久流传的作品，不看作者身份是否高贵，措辞是否华美，只看你是否传达了细致入微的生命体验，抑或人性之本人情之真。

(三) 想象力

想象力，是一种重要的生命体验，是积累生命厚度的重要手段。想象力之于写作，相当于翅膀之于飞鸟，珍珠之于项链。

刘勰《文心雕龙》："文之思也，其神远矣。故寂然凝虑，思接千载；悄焉动容，视通万里。"

这个想象力，有如老子的"神游太虚"，是可以上下几千年，纵横几万里的。所以，我们看到很多好文章，都是想象力出奇。你看李白的诗句："大鹏一日同风起，扶摇直上九万里。"如果说这是仰观，那张岱《湖心亭看雪》则是俯视："湖上影子，惟长堤一痕、湖心亭一点、与余舟一芥，舟中人两三粒而已。"人在天地之间，真的不过是沧海一粟，用"粒"这一量词来形容舟中人，真的算神来之笔。再看科幻小说，比如儒勒·凡尔纳写《海底两万里》，他用想象力创造了一个逼真的文学幻境，还直接促成了现代潜水艇的发明，多酷。

（四）打腹稿

打腹稿，是放飞想象力的具体技法之一。严歌苓的《陆犯焉识》里记载了一个奇人，可以在大脑中写作：一篇一篇地写，然后修改，写得多了，还可以编辑归类。有机会，就一篇一篇地誊写出来，照排一般。

普通人没这个能力，但先有腹稿再动手的确事半功倍。大战之前，先规划好行军路线。行文之前，先在大脑中酝酿写作思路。最忌讳事先没有计划，急急忙忙写下去，滑到哪里算哪里。

包括在考场上写作，先写个提纲，把文章结构想好，起承转合，会用到什么事例想好，张三李四，然后再动手，至少逻辑清晰，效率高。

还有一个办法，打好腹稿，跟别人说一遍，同时录音。然后，整理录音。这样做的好处是，口述作文的过程，即是整理思路的过程，同时，让语言更口语化。

四、思想深度

法国思想家布莱兹·帕斯卡尔说："人是会思想的芦苇。"思想深度，是指我们透过现象看本质的能力。这和一个人的思想深度有关，更与见识、心胸、视野和格局有关。

（一）文眼

一篇文章，要有文眼。关键处，一两句话，画龙点睛，点明主题，说深说透。

这个文眼的位置，不拘一格。清代学者刘熙载说："揭全文之旨，或在篇首，或在篇中，或在篇末。在篇首则后者必顾之，在篇末则前者必注之，在篇中则前注之，后顾之。顾注，抑所谓文眼者也。"

周敦颐的《爱莲说》，文眼就是第一句："水陆草木之花，可爱者甚蕃。"一个"爱"字，统领全篇。

欧阳修的《醉翁亭记》，文眼在中间："醉翁之意不在酒，在乎山水之间也。"既承接前文，又启领下文，起到承前启后的效果。

贾谊的《过秦论》，文眼在结尾："仁义不施，而攻守之势异也。"

显而易见，这个文眼的提炼，是思想力的高度展现，这个文眼，能涵盖内容，能巧妙过渡，能揭示主旨，能升华意境，是真正的点睛之笔。

（二）有境界自成高格

王国维在《人间词话》里说："词以境界为上，有境界则自成高格。"又说，"苏东坡雄浑，辛弃疾豪迈，没有他们的胸襟，只学他们的文字，无异于东施效颦。"

这么一看，有些东西学得了，有些东西学不了。遣词造句、间架结构，好学；心胸气度、见识格局、襟怀抱负，不好学。

看范仲淹《岳阳楼记》，我们可以学他的修辞手法，怎么"衔远山，吞长江，浩浩汤汤，横无际涯"；也可以学他的叙述方法，阴天时如何"日星隐耀，山岳潜形"，晴天时怎样"春和景明，波澜不惊"，再怎么叙述抒情议论相结合。但，点睛之笔来了："先天下之忧而忧，后天下之乐而乐。"这种思想力和心胸境界却不是学来的，他是一种修养和觉悟，"纸上得来终觉浅"，这是文字之外的功夫。

再看苏东坡的《记承天寺夜游》：

> 元丰六年十月十二日夜，解衣欲睡，月色入户，欣然起行。念无与为乐者，遂至承天寺寻张怀民。怀民亦未寝，相与步于中庭。庭下如积水空明，水中藻、荇交横，盖竹柏影也。何夜无月？何处无竹柏？但少闲人如吾两人者耳。

谁能想象这是苏东坡被贬官黄州期间所写呢？这心胸气度、格调格局已超出文字技巧的范畴，这高妙的文学境界，带着拔乎其萃的思想情趣和人格素养。

（三）多事一议

多事一议，就是多个新闻事件，合并同类项，归纳为一个关键词。以一个"关键词"统率全篇，做新闻大整合，扫描、疏理各媒体热点，加以勾连，条分缕析，旁征博引，就事论理，深入拓展。这个关键词，即是文眼。

拙作《保卫财富》都是用这种手法写就的。比如《金融如水》一篇，六个新闻事件，能用一个新闻关键词来概括吗？1. 楼市恐慌；2. 最新收入数据；3. 余额宝存废之争；4. 重度污染；5. 吃空饷问题；6. 大奖物归原主。

能，四个字，"金融如水"就是了。这六条新闻分别对应的，是金融的"潮水效应""引水效应""洪水效应""污水效应""漏水效应""蓄水效应"。

（四）古今同构

古今中外，上下勾连。这种谈古说今类的表达大多很受欢迎，比如，当年明月《明朝那些事儿》，易中天《品三国》，袁腾飞《两宋风云》，高晓松《晓说》。

在新闻学上，对新闻的定义有很多种，有一种是能跟当下发生联系的事实就是新闻。等于说，旧闻如果能和今天联系起来就是新闻。

我写过中国古代十大商帮,这样评述晋商的"汇通天下":

> 汇通天下,相当于古代金融业的"互联网",着实了得。千里之外,凭区区一纸汇票,万两白银即刻提取,这是什么水平?
>
> 尤其令人惊讶的是,后人考证,整个山西票号史上,没出现一例有据可查的误兑错兑。想想现在,常听说用户存款不翼而飞,我们的银行机构能不为之汗颜吗?

古今对照,中西比较,由古及今,或者由今及古,只要事情类似,性质相同,完全可以大胆联想大胆穿越。

五、结语

以上,就是"四维写作"简明技法。我们可以通过多读书、多走心、多历练、多思考不断提高能力。

"四维写作"技法,可以作为写作技巧,也可以作为评判标准,用以评价作品好坏。一篇文章质量是否上乘,可看它是不是具备这样的"四维"特征:文从字顺、情真意切、扎实的生命体验和深刻的思想力。

最后要特别指出的是,古人推崇"有余力,则学文"。我也认为,先学做人,后学写作,勉励各位学子关注人品和人格的修炼,把人生写成完美的诗篇。

如果遇到疑难,欢迎给"老马价值观"微信公众号留言,我会尽快回复,一起切磋进步。

初稿于 2016 年 9 月 24 日,修改于 2017 年 3 月 19 日

应试作文"五步成文"法

很多考生对应试作文写作非常头疼,我想说说我总结的"五步成文"法,祝各位考生都能考出好成绩。大家可分五个步骤,写出一篇高质量的应试作文。

第一步,拟一个醒目的标题;

第二步,写一个精彩的开头;

第三步,亮一个鲜明的观点;

第四步,做一个有说服力的论证;

第五步,收一个强化观点的结尾。

举例说明:

阅读下面的材料,根据要求写一篇不少于800字的文章。

近日,国内一所大学拟实行"上课前所有同学交手机"的措施。此举尚未实施,便在网上引发热议,有人支持,有人反对。另据报道,国内某高校还在每一间教室的前面设置收纳袋,收纳袋分布几十个小口袋,每个小口袋都标注着不同的数字序号和学生名字,上课前,学生必须关掉手机并放入袋中,才能到座位上听课。

对于一些高校要求"上课前所有学生交手机"这件事儿,你是怎么看的?请写一篇议论文,表明你的态度,阐述你的看法。

要求综合材料内容及含义,选好角度,确定立意,完成写作任务。

这篇看材料写作文,按照"五步成文"的写法是这样的:

【第一步,拟一个醒目的标题(观点的高度提炼)】告别"手机控",堵不如疏

【第二步,写一个精彩的开头(推荐设问开头,提神、发人深省)】校园禁手机,谁是谁非?

【第三步,亮一个鲜明的观点(开门见山)】我以为,堵不如疏!

【第四步,做一个有说服力的论证(摆事实讲道理)】你看,国内这两所学校禁手机,引起热议。此前,有某中学校长怒砸学生手机的事件曾引起社会各界的广泛讨论。有的支持,有的反对。这种争议本身已经表明,并不是非黑即白,非对即错。收有收的好处,不收有不收的道理。

【辩证分析(用数据说话)】英国一项研究显示,在全日制学校禁止学生使用手机后,学生的成绩相比未禁止之前提高了6.4%。鉴于手机进课堂弊大于利,又因为未成年人的自制力不是那么强,对孩子手机进行管理势在必行。

怎么管理呢?我认为,堵不如疏。如何让孩子自觉远离手机,学会自我管理是更大的学问。

【观点论证(用故事说话)】你听说江苏省常州市龙虎塘小学六年级有个学生叫费东吗?他曾写了一首诗,获得江苏第二届全国少儿诗会的一等奖。题目是《手机》,"别人都要生二胎,我爸妈不用了,因为他们已经有了小儿子——手机。"

费东发现，爸爸妈妈好像有些忙，一大早打开手机，忙着"早功课"，晚上捧着手机，忙着"批奏章"。自己写作业遇到了难题，求助爸妈，他们爱理不理。

手机已经成了家长的"小儿子"，这多么讽刺！有人评价说，这是对"低头族"父母的一种另类控诉。智能手机已经相当普遍，但世界上最遥远的距离，莫过于一家人同居一室，父母在低头玩手机，子女在埋头玩手机。

是的，我们口口声声地禁手机，担心手机怎么荼毒孩子，家长却在孩子面前大玩特玩手机，实在没有说服力啊。

我们也能理解，有些大人天天摆弄手机不一定都是在玩，也可能是在处理公务。可是当你和孩子相处一室的时候，能否放下手机"小儿子"，去关心一下"大儿子"的真实需要呢？家长是孩子的榜样，家长也是孩子的环境，千万不能潜移"墨"化，悄悄地把坏习惯传递给孩子。若想孩子少玩手机，家长应该先放下手机；若想孩子爱读书，首先自己爱读书。

【观点论证（用理论说话）】美国赖斯大学的研究人员做了一项为期一年的实验，发现智能手机容易让学生分心，只给学生提供合适的技术产品还不够，还必须经常引导他们如何正确使用产品。

其实，成人恐怕也需要引导。"校园禁带手机"为什么争议那么大？在成人无节制地使用手机的世界里，却希望孩子能够节制使用手机，这是我看到的最大悖谬。

【第五步，收一个强化观点的结尾（最好照应开头，首尾呼应）】由此可见，校园是否需要禁手机已经很明了了，堵不如疏！当然，需要摆脱捆绑的"手机控"，不只是学生们。

后记

"马老师您好!我一直在网上整理您的文字,感觉这是个浩大的工程,希望您能出版配套书籍。"

这是一位高中老师给我的留言,姓王,自称"来自温暖全世界的鄂尔多斯"。

"王老师好!您是在给学生整理写作素材吗?"

"我一直秉持:语文是一种信仰,生活处处是语文,课本小世界,世界大语文。您的价值观,除了作文素材,我更希望学生汲取的是思考问题的方式以及看世界的格局。就像您说的,你的样子就是世界的样子。感谢您的语音和文字给我带来的视野、思路以及情怀,这是高考路上最走心的安慰。"

当看到这番话时,我忙说"失敬失敬"。常碰到像王老师这样的高人,难说是我影响了他们,还是他们影响了我。至少出书这事,源自他们的催促。

"我是中学教师,我把你今早的评论分享给学生了。"

"我是高中生,经常听你节目,作文成绩提高了。"

"我是孩子家长,赶快出书吧,我想给孩子看看。"

这时节,人民日报出版社的林薇主任和陈佳老师找到了我,"我们替您出本书吧,您的文风,暖暖的正能量和我们社的气质相符。"

在百盛购物中心的星巴克，经验老到且严谨认真的林薇提出重要建议，这是一本有温度的书，不只适合学生读，无须限定你的读者。哈哈，难道真要"温暖全世界"吗？在卡布奇诺咖啡的香气中，《老马价值观》一书诞生了。

如果说听众是催生者，出版社则是助产士，你们都居功至伟。

在此，也要向中央人民广播电台表达感谢，居高声自远，非是藉秋风，是这一平台成就了《老马价值观》节目，成就了我。这一点，我到哪里都要承认。

要感谢这一平台上的良师益友：

蔡万麟先生是个深度钻研型的学者，为了一个"文化印记"选题，会把研究资料拍几百张照片，发给大家学习；

杨春阳先生是"行走的书橱"，他捧来一摞书："老马，这些人的风格适合你，你可以看看。"

宏钧姐是智商情商都属一流的奇女子，处理问题超级快，"迅雷不及掩耳"。只是我经常深夜才发稿件过审，罪过罪过。

爱海老师是"啄木鸟型"的行家里手，对语言非常敏感，细微区别都会保持警觉。他说："能把'的地得'用对的人我都肃然起敬。"

还要感谢纪春、侯杰、杨曦等很多师友……谢谢您们，即使耳濡目染，也受益良多，更不要说你们的关照。

感谢北京电视台《财经夜话》节目组，谢谢马旭、关月、赵钰、初原，价值观宣传视频录得太好了，那种松弛的状态，是可遇不可求的，因为这里有你们温暖的目光。

还要郑重感谢两位恩师，钟积成先生和陈德玲女士。作为马来西亚教育家、生命教育工作者、国际经典情商系统课程的导师，他们的人生也极具传奇色彩。这次得钟教授出手作序，现身说法，天大荣幸。钟教授虽是古稀之年，但每次看到他，总是那么活力四射，他会大笑，给你一个热烈的拥抱。他还有一种本事，不只他是个小孩子，很快也会让你变成小孩子，让你脱下硬壳，变得天真烂漫起来。对了，《圣经》上说："你们要像小孩子，才能进天国，因为天堂是他们的。"

最后要感谢的人，是我的妻子，吴静女士。她几乎参与了我每一期选题的讨论，也提供了很多亲身经历的案例。自序里说到的"白领丽人"就是她的故事；细心人还可留意书中"我有一朋友"的提法，说不准也是她。作为专业人士，她对很多经济数据做了严格把关。另外，在出书过程中，默默担当了整理和校对工作。更了不起的是，她给世界带来一个可爱的宝宝，并承担了繁重的家务。

如果我们的日子阳光灿烂，我知道，一定有人在为我们遮风挡雨。深深感恩！

2017 年 4 月 6 日

图书在版编目（CIP）数据

老马价值观/马尚田著. -- 北京：人民日报出版社，2017.7
ISBN 978-7-5115-4727-9

Ⅰ.①老… Ⅱ.①马… Ⅲ.①经济学—通俗读物 Ⅳ.①F0-49

中国版本图书馆CIP数据核字（2017）第141207号

书　　名：	老马价值观——以财经视角观世间百态
编　　著：	马尚田
出 版 人：	董　伟
责任编辑：	林　薇　陈　佳
封面设计：	朱　雨　蒋　熙
版式设计：	大有艺彩
出版发行：	人民日报出版社
社　　址：	北京金台西路2号
邮政编码：	100733
发行热线：	（010）65369527　65369846　65369509　65369510
邮购热线：	（010）65369530　65363527
编辑热线：	（010）65369526
网　　址：	www.peopledailypress.com
经　　销：	新华书店
印　　刷：	大厂回族自治县彩虹印刷有限公司
开　　本：	710mm×1000mm　1/16
字　　数：	270千字
印　　张：	20.75
印　　次：	2017年10月第1版　2017年10月第1次印刷
书　　号：	ISBN 978-7-5115-4727-9
定　　价：	46.00元